Incidencia del acompañamiento pedagógico en el aprendizaje

Nancy Elizabeth Alberca Pintado

Copyright © 2020 Nancy Elizabeth Alberca Pintado

ISBN: 9798607167271

AV. JAVIER PRADO ESTE 4921 OF. 07, CAMACHO –LA MOLINA- LIMA-PERÚ DIRECTOR: EFER SOTO
EDITOR DE CONTENIDOS: Dr. Pedro Félix Novoa Castillo
http://editorialapogeo.blogspot.com/

Con el objetivo de publicar libros productos de una investigación científica dirigido a investigadores que merezcan su difusión tanto digital como física, la editorial Apogeo conformó en enero del 2018 su colección "Libro de investigación". Colección que conformó un comité científico con doctores de las universidades UNMSM, UNFV, UCV, USIL para asegurar la calidad de los libros publicados. Se implantó entre otros requisitos que los libros hayan sido producto de un trabajo de investigación, o la versión ligeramente adaptada de una tesis de pre o pos grado. Asimismo, se optó por la revisión de dos pares ciegos para que dictamen la idoneidad de la obra a publicarse.

Acompañamiento pedagógico competencias docentes y su influencia en el aprendizaje significativo presentado por Nancy Elizabeth Alberca Pintado, cumplió todos los requisitos antes mencionados.

Dr. Pedro Félix Novoa Castillo
EDITOR DE CONTENIDO DE LA PRESENTE OBRA

Contenido

Índice de tablas

Índice de figuras............................... ix

Resumen xi

Abstract......................xiv

Resumo........xvi

I. Introducción........18

1.1 Realidad problemática........19

1.2 Trabajos previos........23

1.2.1 Trabajos previos internacionales 23

1.2.2 Trabajos previos nacionales 29

1.3Teorías relacionadas al tema 33

1.3.1 Bases teóricas de la variable acompañamiento pedagógico 33

1.3.2 Bases teóricas de la variable competencias docentes 46

1.3.3 Bases teóricas de la variable aprendizaje significativo 60

1.4Problema: 68

1.4.1 Problema general 68

1.4.2 Problemas específicos 68

1.5Justificación 69

1.5.1 Justificación teórica. 69

1.5.2 Justificación práctica 70

1.5.3 Justificación metodológica

1.6Hipótesis 71

1.6.1 Hipótesis general 71

1.6.2 Hipótesis específicas 71

1.7Objetivos 72

1.7.1 Objetivo general 72

1.7.2 Objetivos específicos 72

II. Método 74

2.1 Diseño de investigación 75

2.2 Variables, operacionalización 76

1.3 Población y muestra 82

1.3.1 Población de estudio 82

1.3.1 Muestra 83

1.4 Técnicas e instrumentos de recolección de datos 83

1.4.1 Técnicas 83

1.5 Método de análisis de datos 113

1.6 Aspectos éticos 114

III. Resultados 115

3.1 Resultados descriptivos de la variable 116

3.1.1 Variable acompañamiento pedagógico 116

3.1.1 Variable competencias docentes 121

1.1.2 Variable aprendizaje significativo 125

3.2 Prueba de hipótesis 129

IV. Discusión 139

V. Conclusiones 145

VI. Recomendaciones

VII. Referencias 150

Anexos 161

Índice de tablas

Pág.

Tabla 1.

Dimensiones e indicadores de la variable independiente acompañamiento
pedagógico

48

Tabla 2.

Dimensiones e indicadores de la variable independiente 2: competencias
docentes.

49

Tabla 3.

Dimensiones e indicadores de la variable dependiente: aprendizaje significativo

50

Tabla 4.

Población de estudio

51

Tabla 5.

Juicio de expertos

52

Tabla 6.

Confiablidad del instrumento

52

Tabla 7.

Prueba de KMO y Bartlett

53

Tabla 8.

Comunalidades

53

Tabla 9.

Varianza total explicada

54

Tabla 10.

Matriz de componentes

56

Tabla 11.

Matriz de transformación de componente

57

Tabla 12.

Juicio de expertos

58

Tabla 13.

Confiablidad de los instrumentos

58

Tabla 14.

Prueba de KMO y Bartlett

59

Tabla 15.

Comunalidades

59

Tabla 16.

Varianza total explicada

60

Tabla 17.

Matriz de componente

62

Tabla 18.

Matriz de transformación de componente

62

Tabla 19.

Juicio de expertos

64

Tabla 20.

Confiablidad de los instrumentos

64

Tabla 21.

Prueba de KMO y Bartlett

64

Tabla 22.

Comunalidades

65

Tabla 23.

Varianza total explicada

66

Tabla 24.

Matriz de componente

68

Tabla 25.

Matriz de transformación de componente

69

Tabla 26.

Niveles de acompañamiento pedagógico en las instituciones educativas de Lince 2018

72

Tabla 27.

Niveles de acompañamiento pedagógico por dimensiones en las instituciones educativas de Lince 2018

73

Tabla 28.

Niveles de competencias docentes en las instituciones educativas de Lince

74

Tabla 29.

Niveles de competencias docentes por dimensiones en las instituciones educativas de Lince 2018

75

Tabla 30.

Niveles de aprendizaje significativo en las instituciones educativas de Lince

76

Tabla 31.

Niveles de competencias docentes por dimensiones en las instituciones educativas de Lince 2018

77

Tabla 32.

Información de ajuste de la hipótesis general

78

Tabla 33.

Bondad de ajuste de la hipótesis general

78

Tabla 34.

Pseudo R cuadrado de la hipótesis general

79

Tabla 35.

Información de ajuste de la hipótesis específica 1

80

Tabla 36.

Bondad de ajuste de la hipótesis específica 1

80

Tabla 37.

Pseudo R cuadrado de la hipótesis general

80

Tabla 38.

Información de ajuste de la hipótesis específica 2

81

Tabla 39.

Bondad de ajuste de la hipótesis específica 2

81

Tabla 40.

Pseudo R cuadrado de la hipótesis general

82

Tabla 41.

Información de ajuste de la hipótesis específica 3

83

Tabla 42.

Bondad de ajuste de la hipótesis específica 3

83

Tabla 43.

Pseudo R cuadrado de la hipótesis específica 3

83

Índice de figuras

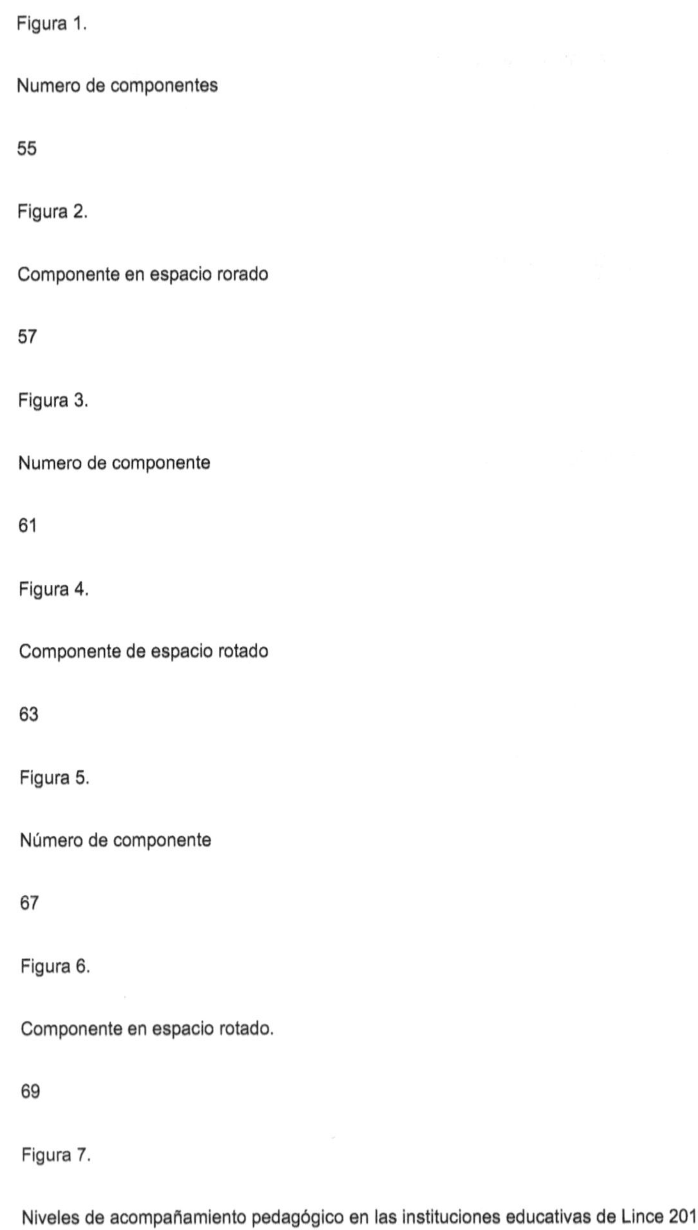

Figura 1.

Numero de componentes

55

Figura 2.

Componente en espacio rorado

57

Figura 3.

Numero de componente

61

Figura 4.

Componente de espacio rotado

63

Figura 5.

Número de componente

67

Figura 6.

Componente en espacio rotado.

69

Figura 7.

Níveles de acompañamiento pedagógico en las instituciones educativas de Lince 2018

72

Figura 9.

Niveles de acompañamiento pedagógico por dimensiones en las instituciones educativas de Lince 2018

73

Figura 10.

Niveles de competencias docentes en las instituciones educativas de Lince.

74

Figura 11.

Niveles de competencias docentes por dimensiones en las instituciones educativas de Lince

75

Figura 12.

Niveles de aprendizaje significativo en las instituciones educativas de Lince.

76

Figura 13.

Niveles de aprendizaje significativo por dimensiones en las instituciones educativas de Lince

77

Resumen

La investigación presentó como propósito determinar como el acompañamiento pedagógico y las competencias docentes influyen en el aprendizaje significativo en las instituciones educativas de Lince 2018. Dicho estudio empleo como método al hipotético deductivo, con un diseño no experimental, transversal. La población estuvo constituida por los docentes de las instituciones educativas de Lince. Se utilizó el muestreo no probabilístico de carácter censal. Para construir, validar y demostrar la confiabilidad de los instrumentos se ha considerado la validez de contenido, mediante la Técnica de Opinión de Expertos y su instrumento es el informe de juicio de Expertos de las variables de estudio; se utilizó la técnica de la encuesta y su instrumento el cuestionario, con preguntas tipo Escala de Likert. Para la confiabilidad de los instrumentos se usó Alpha de Cronbach. Las encuestas nos permitieron determinar como el acompañamiento pedagógico influye en las competencias docentes y el clima social escolar en las instituciones educativas de Lince 2018

Concluyéndose que el acompañamiento pedagógico y las competencias docentes influyen en el aprendizaje significativo en las instituciones educativas de Lince 2018, de acuerdo al estadígrafo de Nagelkerke que comprueba que la eficacia predictiva de la probabilidad de ocurrencia de las categorías de la variable dependiente es de 15,2%.

Palabras Claves: Acompañamiento pedagógico, competencias docentes y el aprendizaje significativo

Abstract

The research presented as purpose to determine how the pedagogical accompaniment influences in the educational competences and the significant learning in the educational institutions of Lince 2018.

This study used as a hypothetical deductive method, with a non-experimental, transversal design. The population was constituted by the teachers of the educational institutions of Lince. Non-probabilistic census sampling was used. To construct, validate and demonstrate the reliability of the instruments, content validity has been considered, using the Expert Opinion Technique and its instrument is the Expert judgment report of the study variables; We used the survey technique and its instrument the questionnaire, with Likert scale questions. For the reliability of the instruments, Cronbach's Alpha was used. The surveys allowed us to determine how the pedagogical accompaniment influences the teaching competences and the school social climate in the educational institutions of Lince 2018

It is concluded that the pedagogical accompaniment influences the teaching competences and the significant learning in the educational institutions of Lince 2018, according to the statistic ofNagelkerke who verifies that the efficacy predictiva of the probability of occurrence of the categories of the dependent variable is 15,2 %,

Keywords: pedagogical accompaniment, teaching skills and

Resumo

A pesquisa apresentou como objetivo determinar cómo o acompanhamento pedagógico influencia nascompetênciaseducacionais e a aprendizagem significativa nasinstituições de ensino de Lince 2018.

Este estudoutilizou como método dedutivo hipotético, comdelineamento transversal não experimental. A populaçãofoiconstituída pelos professores das instituições de ensino de Lince. Utilizou-se amostragemcensitárianão probabilística. Para construir, validar e demonstrar a confiabilidade dos instrumentos, considerou-se a validade de conteúdo, utilizando a Técnica de Opinião de Especialistas e seu instrumento é o Relatório de julgamento de especialistas das variáveis do estudo; Utilizou-se a técnica de pesquisa e seu instrumento o questionário, comquestões de escala Likert. Para a confiabilidade dos instrumentos, foi utilizado o Alpha de Cronbach. Os inquéritospermitiram determinar como o acompanhamento pedagógico influencia as competências de ensino e o clima social escolar nasinstituições de ensino de Lince 2018

Conclui-se que o acompanhamento pedagógico influencia as competências de ensino e a aprendizagem significativa nasinstituições de ensino de Lince 2018, de acordocom a estatística deNagelkerke que verifica que a eficácia profética da probabilidade da ocorrência das categorias da variáveldependente é 15,2%,

Palavras-chave: acompanhamento pedagógico, habilidades de ensino

I. Introducción

1.1 Realidad problemática

El Ministerio de Educación, en su condición de ente rector, es responsable de dar loslineamientos para el desarrollo del acompañamiento pedagógico, contribuyendo de esta manera al logro de los aprendizajes de los estudiantes y al fortalecimiento de la gestión pedagógica de las instituciones educativas y de los servicios educativos escolarizados de los ámbitos focalizados que se concretizan en un protocolo en la mejora de la calidad de los aprendizajes.

En el Perú, a pesar de los recursos que se emplean en inversión social cada año, se conoce poco acerca de su efecto real, la razón de ello, entre otras, es que la priorización, planificación, implementación, monitoreo y evaluación de la estrategia de acompañamiento en sus diferentes intervenciones o acciones formativas deberían realizarse de manera coordinada entre los órganos de línea del Minedu responsables de las estrategias de acompañamiento, de acuerdo al marco normativo vigente. Así mismo el Ministerio de Educación debe realizar un asesoramiento pedagógico a las UGEL del ámbito de las instituciones educativas que egresan de la estrategia de acompañamiento pedagógico a fin de apoyar la sostenibilidad del progreso logrado, de que los equipos directivos de dichas instituciones educativas asuman de manera efectiva la implementación de estrategias de acompañamiento y trabajo colaborativo, con carácter permanente. (Directiva N° 008-2016 MINEDU, p. 9 y10)

PELA (Sobre la evaluación de los programas de acompañamiento pedagógico como estrategia en el marco del PELA "define" un modelo de intervención en los centro educativos a través de las estructuras de apoyo (asesorías, orientación, formación, innovación, evaluación); la participación y compromiso de los docentes, directores, comunidad educativa para modificar su situación, sobre la base de un ejercicio responsable de su autonomía que contribuya a la prevención de las dificultades de aprendizaje y el apoyo a los alumnos que lo necesitan. Cuando una institución educativa participa en un programa de esta naturaleza cuenta con una cultura sensible a los principios compensatorios e inclusivos para, garantiza la predisposición a diseñar estrategias para alumnos en situación de desventaja educativa para lograr un mejor rendimiento escolar.

La eficacia de tales programas requiere de una activa participación porque el cambio buscado implica acciones a distintos niveles (alumno, aula, Institución Educativa, contexto). Por este motivo, las medidas de apoyo en cuanto al acompañamiento pedagógico no pueden entenderse al margen del ejercicio que los centros hacen de su autonomía.

La respuesta a los desafíos organizativos o metodológicos que supone la implantación de estos programas es lo que confiere personalidad a las medidas e incrementa la probabilidad de un uso más eficiente de los recursos extraordinarios recibidos. Puesto que estamos hablando de cambios que afectan al proyecto del centro, se necesitan mecanismos de apoyo a la mejora que no se concretan solo en resolver los problemas asociados a la gestión, sino también en facilitar asesoramiento y formación ligados al programa y contextualizados en los problemas del centro. De esta forma se puede garantizar el éxito de los cambios buscados y evaluar si contribuyen a la mejora.

Así, se observa la necesidad y la dificultad de reforzar la evaluación y conseguir incrementar su potencial de mejora no solo mediante la revisión de los procedimientos técnicos, sino como parte de un conjunto más amplio de acciones: en cuanto al docente (formación del profesorado, desarrollo de recursos, cooperación interinstitucional, autoestima, desempeño, clima institucional etc.), en cuanto al alumno(rendimiento escolar, autoestima ,motivación ,emociones etc.) que facilitan una mejor adecuación de las consecuencias de la evaluación.

Desde esta consideración, el aprendizaje enfrenta a retos relacionados con obtener información que permita modular las decisiones que se toman para propiciar un mejor ajuste del programa a las características de los alumnos y con la posibilidad de aislar sus efectos en la demostración de su impacto en la mejora de aprendizajes y resultados académicos. En nuestro contexto, los análisis sobre evaluación de programas educativos son escasos y, aunque reveladores en cuanto a los patrones metodológicos a los que responden estas evaluaciones, lo cierto es que se quedan cortos en el tiempo (Vélaz de Medrano et al 1995).

Expósito, Olmedo y Fernández-Cano, (2004) en este caso, más allá de los informes anuales se necesitan mecanismos de apoyo a la mejora que no se concretan solo en resolver los problemas asociados a la gestión, sino también en facilitar asesoramiento y formación ligados al programa y contextualizados en los problemas de la institución educativa. De esta forma se puede garantizar el éxito de los cambios buscados y evaluar si contribuyen a la mejora.

Así, se observa la necesidad y la dificultad de reforzar la evaluación y conseguir incrementar su potencial de mejora no solo mediante la revisión de los procedimientos técnicos, sino como parte de un conjunto más amplio de acciones (formación del profesorado, desarrollo de recursos, cooperación interinstitucional, etc.), que facilitan una mejor adecuación de las consecuencias de la evaluación.

Bajo este marco nos planteamos la pregunta ¿Cómo influye el acompañamiento pedagógico y lascompetencias docentes en el aprendizaje significativo en las instituciones educativas de Lince 2018?

1.2 Trabajos previos

1.2.1 Trabajos previos internacionales

Porras (2016) en la investigación titulada "Acompañamiento pedagógico como estrategia para la transformación de la enseñanza de las matemáticas con los docentes de básica primaria de la Institución Educativa Manuela Beltrán, tuvo por objetivo analizar cómo el acompañamiento pedagógico ha permitido la transformación de las prácticas pedagógicas en la enseñanza de las matemáticas. La muestra estuvo constituida por docentes de la institución educativa y tuvo como resultados identificar aspectos que dan origen a una propuesta de mejoramiento. Asimismo, se identificó la relación entre las variables de estudio.

Mairena (2015) en la investigación titulada "Acompañamiento pedagógico y desempeño de los docentes noveles en los departamentos de física y tecnología educativa de la facultad de educación e idiomas, tuvo por objetivo determinar el nivel de relación entre el acompañamiento pedagógico y el desempeño docente de los profesores noveles de los Departamentos de Física y Tecnología Educativa de la Facultad de Educación e Idiomas de la Universidad Nacional Autónoma de Nicaragua. Desarrollo una investigación básica de nivel correlacional, no experimental de corte transversal. La muestra estuvo constituida por dientes de la facultad y fue por conveniencia. Los resultados indican la existencia de la relación significativa entre las variables de estudio.

Bravo (2014) en la tesis titulada "impacto de un programa de acompañamiento directivo en la satisfacción y percepción de los docentes hacia la labor de acompañamiento, tuvo como objetivos validar un programa de acompañamiento directivo a los docentes y valorar su influencia en la percepción y la satisfacción de los docentes y directivos hacia la labor de acompañamiento que realizan los equipos directivos. Se utilizó el método hipotético deductivo y un diseño cuasi-experimental. El Programa se basó en cuatro dimensiones: "apoyo afectivo", "valoración al trabajo educativo del profesor", "foco de colaboración" y "sistematicidad". Los resultados indicaron que el programa de acompañamiento directivo mejoró la satisfacción laboral y la percepción de los docentes sobre la labor de acompañamiento, en los centros educativos en los que se aplicó en PAD.

Dario, Saldarriaga, León, Martínez y Arias (2014) en la investigación titulada "competencias docentes para la enseñanza de la de la investigación y la evaluación de trabajos de grado y tesis doctor en administración". Tiene por objetivo el análisis comparativo (Colombia y Brasil) del desarrollo de competencias docentes para la enseñanza de la metodología de la investigación y la formación de evaluadores de trabajos de grado y tesis doctorales en posgrados de administración. Propuesta de un sistema para el desarrollo de competencias docentes en posgrados.La investigación es de tipo cualitativo, su población son los docentes de posgrados de Administración de Brasil y Colombia y se desarrolla en cuatro etapas. La primera, se refiere a la construcción de un estado del arte en relación con lo que se ha escrito sobre el problema de investigación; la segunda, comprende el trabajo de campo, tanto en Brasil como en Colombia. La tercera etapa, de sistematización, consiste en el estudio comparado entre las realidades de cada uno de los países, a partir de la misión de trabajo y la misión de estudio que permitan analizar y organizar los datos. La cuarta etapa es la de difusión de los resultados. Loos resultados muestran que hay un largo camino por recorrer para alcanzar un concepto de formación que sea adecuado y reconocido; este hecho se evidencia en la demanda de formación de futuros profesores de posgrados que tenemos en Colombia, ya que, actualmente, existe una demostrada escasez de Programas de Maestrías y Doctorados que incluyan el desarrollo de competencias investigativas, pues muchos de los programas ofrecidos son MBA, en los cuales el componente investigativo es superficial.

Toro et al (2014) en la tesis "competencias docentes para la enseñanza de la metodología de la investigación y la evaluación de trabajos de grado y tesis doctorales en administración", tuvo como objetivo determinar el Desarrollo de competencias docentes para la enseñanza de la metodología de la investigación y la formación de evaluadores de trabajos de grado y tesis doctorales en posgrados de administración. La investigación es de tipo cualitativo, su población son los docentes de posgrados de Administración de Brasil y Colombia y se desarrolla en cuatro etapas. Se concluye que, tanto en Colombia como en Brasil, los programas de Administración pretenden desarrollar competencias investigativas en los estudiantes, lo que se hace con base en ejercicios y procesos investigativos sólidos, en la reflexión teórica y en el análisis disciplinar. Pero estos procesos no son suficientes para desarrollar las competencias docentes en el campo de la investigación y en lo que hace referencia a la lectura y evaluación de trabajos de grado y tesis, puede decirse que en estos programas no hay ningún tipo de formación. Esta es una competencia desarrollada de manera autónoma por los investigadores y basada en su propia experiencia investigativa.

Serrano (2013) en la tesis titulada "Identidad profesional, necesidades formativas y desarrollo de competencias docentes en la formación inicial del profesorado de secundaria", tuvo como objetivo conocer de qué forma comienzan a construir la Identidad Profesional Docente (IPD) los estudiantes del máster FPES y cuáles son sus principales implicaciones para la mejora de la formación inicial del profesorado de secundaria. La investigación es eminentemente de tipo descriptiva y exploratoria, aunque también contiene elementos valorativos y prospectivos. Un estudio centrado en analizar las competencias docentes generales auto percibidas, permitiendo recoger datos sobre el pensamiento y las creencias del alumnado. Las conclusiones nos indican que los alumnos y alumnas del Máster de Formación del Profesorado de Enseñanza Secundaria poseen diferentes tipos de concepciones previas sobre la profesión docente y al mismo tiempo asumen demandas formativas que están bastante generalizadas entre sujetos de diferentes características, aunque existen importantes relaciones de dependencia entre las creencias sobre la profesión docente y las demandas formativas que consideran más relevantes. Por tanto, creemos que existe suficiente evidencia empírica para confirmar la segunda hipótesis principal (H2) de este proyecto de investigación."

1.2.2 Trabajos previos nacionales

Baltazar (2016) en la tesis titulada *"Programa de formación continua y su influencia en el desempeño docente de Primaria de la RED N°14 UGEL N°06 –SJL 2015*, tuvo como objetivo general determinar la influencia del Programa de formación continua en el desempeño docente de Primaria de la RED N°14 UGEL N°06. El tipo de investigación es aplicada, de diseño cuasiexperimental y de enfoque cuantitativo. Su muestra es de tipo censal y está compuesta por 40 docentes de las Instituciones Educativas de la RED N°14 UGEL N°06. La técnica que se utilizó es la observación sistemática y el instrumento de recolección de datos fue la guía de observación; las cuales fueron aplicadas a los docentes del nivel Primaria. Para la validez de los instrumentos se utilizó el juicio de expertos y para la confiabilidad del instrumento se utilizó el Alfa de Cronbach, obteniéndose 0.96 considerada alta. En cuanto a la prueba de hipótesis se utilizó el estadístico no paramétrico de U de Mann-Whitney. En la presente investigación se arribó a la conclusión que el Programa de formación continua influye en el desempeño docente de Primaria de la RED N°14 UGEL N°06- 2015."

Vargas (2014) en la tesis titulada "Competencia docente y logro de aprendizaje de los Alumnos de la Escuela De

Educación De La Universidad Inca Garcilaso De La Vega-2013, tuvo por objetivo determinar la relación entre la competencia docente y el logro de aprendizaje según los alumnos de la escuela de educación de la Universidad Inca Garcilaso De La Vega- 2013.Se utilizó un investigación de tipo básico descriptivo correlacional de diseño no experimental transversal a la cual se aplicaron dos cuestionarios para conocer la competencia docente y logro de aprendizaje que ocurren en el aula, la muestra fue probabilística que abarca el total de 140 estudiantes encuestados, cabe resaltarse que el instrumento fue validado y determinado su confiabilidad. El análisis permite concluir con un valor r= ,786 y una p= ,000 la Competencia docente se relaciona directa y significativamente con el logro de aprendizaje según la percepción de los estudiantes participantes."

Grados y Ragio (2014) en la tesis titulada "La gestión del aula en el clima social escolar en el sexto grado de primaria de la Institución Educativa Virgen del Carmen - Rímac – 2014, tuvo como objetivo determinar la influencia de la gestión del aula en el clima social escolar en el sexto grado de primaria de la Institución Educativa Virgen del Carmen - Rímac – 2014. Es un estudio aplicado de diseño cuasi experimental, el cual se trabajó con una población finita y una muestra censal correspondiente a los estudiantes de educación primaria identificados con problemas de comportamientos inadecuados, que en total fueron 69 estudiantes, se aplicó un instrumento pertinente, validado por criterio de jueces. Las conclusiones del estudio indican que se determinó una influencia significativa de la gestión del aula en el clima social escolar en el sexto grado de primaria de la Institución Educativa Virgen del Carmen - Rímac – 2014, probándose la hipótesis alterna rechazándose la hipótesis nula por lo tanto se concluyó que existe influencia significativa."

Paucar (2014) en la tesis titulada "El acompañamiento pedagógico en la gestión de aula en el marco de las rutas de aprendizaje en la Región Ucayali – 2014, tuvo como objetivo determinar la influencia del acompañamiento pedagógico en la gestión de aula. Es un estudio aplicado de diseño descriptivo, de nivel explicativo; se trabajó con una población finita de 263 docentes y una muestra censal correspondiente a los docentes identificados en la aplicación de las rutas de aprendizaje, se aplicó un instrumento de pertinente, validado por criterio de jueces. Las conclusiones del estudio indican que se determinó que existe una influencia significativa del acompañamiento pedagógico en la gestión de aula en el marco de las rutas de aprendizaje en la Región Ucayali – 2014, probándose la hipótesis alterna rechazándose la hipótesis nula."

Aguirre (2014) en la tesis titulada "Programa educativo Logros de Aprendizaje en la mejora de la práctica docente y de los aprendizajes en el segundo grado - Ventanilla - Callao – 2012", tuvo como objetivo establecer los niveles alcanzados en la práctica docente y en los aprendizajes de los estudiantes del segundo grado de primaria, por efecto del desarrollo del Programa Educativo Logros de Aprendizaje (PELA) en las IE focalizadas del distrito de Ventanilla en el 2012. La investigación de naturaleza básica fue desarrollada bajo un diseño no experimental y de nivel descriptivo explicativo, en tres Instituciones Educativas con el PELA focalizado en el segundo grado de primaria; por tanto, las unidades de análisis quedaron conformadas por tres docentes de aula y 95 estudiantes del segundo grado de primaria. En la investigación se empleó el método hipotético deductivo y el descriptivo, bajo un enfoque cuantitativo. Los resultados mostraron que los docentes consideraron de gran utilidad en su práctica docente el apoyo del acompañante a la coordinación institucional para la planificación de documentos, su papel de coaching pedagógico y plan de monitoreo. Si bien el nivel alcanzado en la práctica docente fue adecuado, en el caso de los estudiantes no alcanzaron el logro previsto en los aprendizajes de las áreas de Comunicación y Matemática."

1.3Teorías relacionadas al tema

1.3.1 Bases teóricas de la variable acompañamiento pedagógico

Definición conceptual

La realidad educativa peruana presenta a un conjunto de instituciones educativas de características diversas, debido a la gran diversidad cultural, así como también a las grandes brechas socioeconómicas de la población, generando con ello condiciones dispares de aprendizaje. Sumado a esto, con docentes de diversos perfiles profesionales, producto de formación distinta, donde se encuentran entusiastas, comprometidos, innovadores, creativos, positivos, pero que también existen docentes con características inversas. (González y Martínez, 2010, p. 525)

Todo esto aunado, a la incapacidad es desastroso. Para Gimeno y González (2003, p.158) "el común denominador del magisterio está más cerca de la apatía que de la actitud crítica", y con una deficiente profesionalización o estudio de pregrado.

Asimismo, Adaros (2014) afirma con respecto a la formación del docente:

...es hoy un desafío de proporciones, más aún cuando se consideran factores contextuales tales como un mundo en constante cambio, cuyas crisis afectan desde la economía hasta la espiritualidad de las personas; un contexto nacional que aún no otorga suficiente significación al trabajo docente y a sus condiciones laborales; y el ingreso a las carreras de pedagogía de estudiantes provenientes de los dos quintiles más pobres y con bajo capital cultural. (p. 93)

Para resolver en gran parte estas deficiencias y debilidades del magisterio y lograr en ellos estandarizar algunas competencias creativas, innovadoras, realizar la gestión del aula en forma eficiente y efectiva y en cierta forma hacer de su praxis buenas y nuevas prácticas en forma sostenible en el tiempo, se requiere establecer diversos programas de intervención, entre ellos el del acompañamiento pedagógico.

A decir de Gonzales y Martínez (2010, p. 527) el acompañamiento pedagógico se convierte en la columna vertebral de la formación docente en servicio. Pero esto no solamente de dominios activistas pedagógicos, sino también del dominio de contenidos curriculares y habilidades blandas a través de estrategias didácticas que permitan el logro de competencias en los estudiantes. "...la formación es algo más que aprender a aprender y aprender a enseñar. También es aprender a convivir, aprender a compartir, aprender a ser; sobre todo aprender empáticamente sobre cómo aprenden otros a ser ellos, a configurar la propia individualidad desde los entramados de la vida y el trabajo en equipo, en familia, en comunidad."

El Ministerio de Educación (2009) ha definido el acompañamiento pedagógico como

·…la demostración de ofrecer asesoramiento persistente, es decir, el envío de técnicas y actividades de ayuda especializada a través de las cosas, un hombre o visitas de grupo concentrado, respaldados y ofrecer asesoramiento inmutable al especialista y al directivo sobre temas importantes para su formación pedagógica, además el monitoreo y acompañamiento a los docentes en práctica pedagógica se debe realizar para ir mejorando progresivamente en las estrategias de enseñanza y en los aprendizaje de los estudiantes." (p. 6)

Asimismo, el Ministerio de Educación en el (2014), define el acompañamiento pedagógico como:

…una estrategia de formación continua para el docente en servicio, centrada en la escuela, se implementa a través de tres formas de intervención: visita en aula, micro talleres a cargo de los acompañantes pedagógicos y de las docentes coordinadoras en su rol de acompañantes y talleres de actualización docente liderados por el formador quien brinda soporte pedagógico. Además, brinda asesoría y monitoreo a los acompañantes pedagógicos en la implementación de la estrategia a través de visitas de campo y reuniones de trabajo. (p.5)

Asimismo, en concordancia con Gonzales y Martínez (2010), el acompañamiento pedagógico es:

…es una mediación de recuperación y revitalización del quehacer educativo en comunidad; como experiencia y posibilidad para reencantar la vida escolar y las historias vocacionales fundentes de héroes y heroínas de nuestras aulas que dan sentido a la acción docente. Un trayecto complejo hacia las profundidades de las propias necesidades, potencialidades y capacidades profesionales, confrontadas por la colectividad de miradas internas y externas que acceden a nuestras prácticas para conocerlas, comprenderlas, apreciarlas y trastocarlas de modo que puedan orientarse cada vez más hacia la cualificación de lo que se es, se hace y se vive como persona y como docente en contextos formales de aprendizajes (p. 533)

Por ello la formación docente debe plantear una propuesta formativa y brindar un conjunto de actividades de aprendizaje cuya orientación es el logro de los objetivos propuestos educacionales.

Los procesos de cambio en la sociedad han generado la necesidad de modificar el modelo de enseñanza tradicional, para aplicar uno que busca el aprendizaje autónomo del alumno, jugando un papel decisivo en el proceso educativo, como un factor estratégico para la mejora de la calidad "…que incluye la vida académica en sentido amplio y algunas expectativas sobre la vida después de la carrera. (Adaros, 2014, p. 97)

Un tipo de acompañamiento pedagógico es el llamado mentoring, que se define como "…el acompañamiento que una persona experimentada y preparada (mentor, consejero, entrenador, guía, maestro, etc.) hace a otra generalmente joven, con el objetivo acordado entre las dos partes de hacer crecer y desarrollar competencias específicas a esta segunda persona…" (Martín y Gairin, 2010, p. 186).

Para Martín y Gairín, el mentor es un líder experimentado y con competencias cognitivas, procedimentales (formación en servicio) y actitudinales para tener éxito en el mentoring.

Formas de intervención del acompañamiento pedagógico (Minedu)

Según el Ministerio de Educación (2014) las estrategias de intervención del monitoreo pedagógico son las siguientes:

Visitasal aula: esta intervención presenta como finalidad el mejoramiento de la intervención pedagógica del docente, desde una perspectiva de reflexión y critica. Dicha intervención va precedida del análisis de cada proceso anterior, siendo esta personal y continua. La visita es mensual, donde se observa al docente de forma participante por espacio de cuatro a cinco horas de acuerdo al nivel escolar.

Se realiza tres tipos de visita: La primera visita (de diagnóstico) se caracteriza por la realización de reuniones con los todos los actores educativos, que permiten establecer el diagnóstico de la institución. La segunda visita (de asesoría) existe una relación entre el asesorado y el acompañante pedagógico, cuya finalidad es fortalecer las capacidades de gestión y pedagógica. La tercera visita (de salida) se realiza al finalizar el año escolar con todos los actores educativos, cuyo balance es el punto principal de agenda.

En toda visita al aula se considera los procesos de planificación, la ficha de observación y registro, el análisis de toda la información recogida, que permitirá la orientación critica al docente. Durante la asesoría personalizada tanto el acompañante como el docente realizan la gestión del aula, con todos sus procesos, en forma conjunta.

Micro talleres: son reuniones concertadas entre el acompañante y los docentes donde se genera un ambiente de diálogo de la problemática presentada durante los procesos de aprendizaje para establecer el plan de mejora respectiva.La finalidad de los microtalleres es el fortalecimiento de la praxis docente y la integración y mejora del clima social.

Funciones del acompañamiento pedagógico

El acompañamiento pedagógico, que realiza acciones de seguimiento, asesoría y recojo de información, al final son funciones propias de control de un proceso de gestión pedagógica. "El control se puede definir como el proceso de monitoreo de las actividades para asegurar que se cumplan como fue planeado y de corrección de cualquier desviación significativa." (Ortiz y Soza 2014, p. 15)

Entre las funciones más importantes tenemos:

Coordinar las actividades de capacitación continua. Facilitar las capacitaciones de los y las docentes o coordinar la búsqueda de un/a facilitador/facilitadora. Participar de la capacitación del equipo de acompañamiento cooperativo. Participar de las reuniones del Equipo de Gestión. Coordinar con el Equipo de Gestión los procesos de capacitación de los y las docentes. Implementar prácticas innovadoras en su rol como docente. Elaborar junto al Equipo de Gestión las agendas de trabajo para la capacitación continua. Elaborar materiales didácticos para la capacitación continua. Seleccionar y sugerir materiales que orienten y faciliten procesos para los maestros y las maestras. (Ortiz y Soza 2014, p. 17)

Dimensiones o componentes del acompañamiento pedagógico

De acuerdo a Gonzales y Martínez (2010), el acompañamiento pedagógico es. un trayecto complejo cuyos procesos está conformado por los siguientes componentes:

Dimensión 1: Aspectos Iníciales

Para la realización de los procesos de monitoreo pedagógico, es necesario la realización de acciones iniciales que permitan el recabar información de los docentes monitoreados. Datos que son netamente administrativos, pero muy importantes para la gestión. Es importante registrar la asistencia de los docentes, si presenta su carpeta pedagógica, si es pertinente y si se ajusta al plan de clase.

Dimensión 2: Aspectos Metodológicos

Esta referido al planteamiento de cómo realizar el proceso aprendizaje enseñanza basado en el enfoque por competencias y en el desarrollo contextualizado, es decir partiendo de las necesidades de los aprendizajes, cuyas herramientas deben ser facilitadas por los acompañantes pedagógicos al personal docente y estos a su vez, aplicados a sus estudiantes en el aula.

Es así, la gestión del aula debe buscar el desarrollo de estrategias de aprendizajes en la búsqueda de la respuesta educativa, adapta a las necesidades de aprendizaje. Es clave para esto, utilizar marcos educativos acordes y funcionales que permitan a los estudiantes aprender, con contenidos acordes a la cultura del país.

Por ello, la estrategia didáctica estará encaminada al desarrollo de las capacidades y competencias escolar. Aquí, el estudiante se apropiará, adquirirá esquemas mentales a través de tareas en clase, que le permitan la reflexión, creatividad y dominio sobre temas y contenidos de interés para los estudiantes.

La estrategia docente permitirá la integración del aprendizaje en su marco cultural, fomentando el desarrollo de las competencias académicas y culturales, desde un enfoque crítico, producto de sus experiencias y de un conjunto de valores, actitudes y creencias.

Dimensión 3: Dominio de contenidos

El dominio de los contenidos es el elemento donde el profesor trabaja con los estudiantes, con la finalidad de lograr las competencias y capacidades. Los contenidos se definen en conceptuales conformado por hechos, datos de la realidad, nombres y definiciones; procedimentales conformados por habilidades, técnicas, destrezas yactitudes, en función a los objetivos educacionales planteados.

Los contenidos de aprendizaje quedan en el marco de los datos empíricos y conceptuales y las relaciones entre ellos y las capacidades a realizar por los estudiantes (procedimientos y actitudes)

El dominio de los contenidos permite lograr los aprendizajes, para ello es importante utilizar diversos procedimientos para promover el aprendizaje de los estudiantes. Es importante destacar que el conocimiento no es más que comprender los significados, para la ampliación del acervo cultural y de sus conocimientos.

Los estudiantes son los sujetos del proceso de aprendizaje, que van a depender de sus características individuales, su experiencia y actitudes. Estas características marcan el proceso del aprendizaje.

Dimensión 4: Actitudes y valores

Las actitudes y valores son claves en los procesos educacionales, y en especial en el proceso de aprendizaje en la escuela. Estos tienen un carácter subjetivo en función a su cultura y al proceso de socialización que tuvo, se de escasez o no. Muchos de estos valores reflejan sus condiciones de vida y sociales.

La sociedad actual asigna a la escuela esta función, pero que en realidad su influencia es mínima, donde la familia ha dejado de realizar dicha función. Esto a pesar que niños y jóvenes lo requieren para su vida futura. Sin embargo, estos temas deben tratarse no solo desde una perspectiva del adulto, sino del contexto donde se desarrollan, muchas veces impregnados de una serie de valores impartidos por una sociedad de consumo.

Por ello, los valores y las competencias y capacidades se manifiestan a través de conductas que tienen una jerarquía, cuyos resultados se reflejan en la defensa del ambiente, no al racismo, respeto a la persona, estudio para aprender, la convivencia, tolerancia, sociedad justa, etc. (Pérez, 2000, p. 67)

1.3.2 Bases teóricas de la variable competencias docentes

El proceso de enseñanza y aprendizaje de calidad es una exigencia en la sociedad actual en el marco de desarrollo de las competencias que permitan el desempeño esperado en la solución de los problemas planteados a los estudiantes.

Guzmán y Marín (2011) en relación a la adquisición de las competencias, citando a Denyer, afirman:

Para de Denyer, et al (2007, 31) ...cuando se adopta una pedagogía para la adquisición de las competencias, la escuela tiene la esperanza de reducir el volumen de conocimientos muertos, a favor de conocimientos vivos (que se siguen utilizando y enriqueciendo a lo largo de toda la vida). Esta posibilidad, permite avanzar desde una visión de la pedagogía de la memorización, la aplicación o la restitución, al servicio de "llenar las mentes" que ha prevalecido hasta la actualidad, hacia la adopción de una visión centrada en el desarrollo de "mentes competentes" mediante el principio didáctico de "aprender lo que no se sabe, haciéndolo". (p. 152)

Sin embargo, los autores referenciados al afirmar que "la noción de competencia no proviene ni de un solo paradigma teórico, ni de una sola tradición psicopedagógica, su uso y aplicación específica se da de acuerdo con las necesidades y orientaciones que cada autor considera imprimirle. Esto se convierte en un campo fértil de necesidades de cambio." (Guzmán y Marín 2011, p. 153), ponen en juicio su fundamento pedagógico de la misma, y de allí lo complicado de obtener resultados bajo el esquema impuesto en el país.

Por ello, Zabala y Arnau (2007), luego de unaanálisis del término competencia, desde diversas acepciones y campos de acción han definido a la competencia como "la capacidad o habilidad de efectuar tareas o hacer frente a situaciones diversas de forma eficaz en un contexto determinado y para ello es necesario movilizar actitudes, habilidades y conocimientos al mismo tiempo y de forma interrelacionada" (Zabala 2008, p. 43).

Por esta razón es fundamental la coherencia que debe haber entre enseñar por competencias, diseñar una estrategia por competencias donde se movilicenel uso de recursos cognitivos, en la búsqueda de la resolución de problemas y toma de decisiones y la evaluación por competencias. Es este último aspecto "es evaluar procesos en la resolución de situaciones-problema, que implica partir de situaciones-problema que simulen contextos reales y disponer de los medios de evaluación específicos para cada uno de los componentes de la competencia." (Zabala y Arnau 2008, p. 193).

En este marco es fundamental que el docente tenga el dominio de competencias, en coherencia con el modelo pedagógico propuesto. Es decir, adecuarse a los fundamentos del modelo, a la visión institucional, diseñando la gestión en el aula de forma reflexiva y critica, enfrentando problemas y acción para adecuarlas al contexto.

Así, Guzmán y Marín (2011) plantean que la competencia docente:

...corresponderá a la parte reglada, normativa y funcional del trabajo académico que le permitirá desempeñarse adecuadamente en el contexto de las prácticas educativas concretas de este campo profesional, esto es, de manera competente o con cierto nivel de competencia. Se desarrolla al enfrentarse con los problemas que la profesión docente le plantea o bien mediante los diferentes desempeños que se dan en las permanentes interacciones sociales y educativas en las que se desenvuelve el profesor. (p. 156)

Es este marco, estas competencias se expresan en desempeños que responden a sus acciones didácticas, a la gestión del aula en el campo escolar o universitario, desde tres momentos básicos: antes, durante y después de la intervención. Pero, además hay que considerar los diversos estilos del docente, que generarán desempeños específicos diferentes. Aquí radica la importancia de estudiar el hecho educativo desde las diversas variables intervinientes que participan en la gestión del aula.

Desde esta perspectiva Guzmán y Marín (2011) citando a (Perrenoud, 2007, 14) "resultan de una construcciónteórica conectada a la problemática del cambio" (p. 158)

Para Zabalza (2003), citado por Tejada (2009) presenta diez competencias docentes básicas:

Planificar el procesoenseñanza-aprendizaje,Seleccionar y preparar los contenidosdisciplinares,Ofrecer informaciones y explicaciones comprensibles y bienorganizadas,Manejo de las nuevastecnologías,Diseñar metodología y organizaractividades,Comunicarse-relacionarse con losalumnos,Tutorizar,Evaluar,Reflexionar e investigar sobre laenseñanza,Identificarse con la institución y trabajar enequipo. (p. 5)

Asimismo, Valcárcel (2005), citado por Tejada (2009) plantea las competencias que debe tener un docente son:

Competencias cognitivas propias de la función de profesor de una determinada disciplina, Competencias meta-cognitivas que le conviertan en un profesional reflexivo y autocrítico con su enseñanza; competencias comunicativas, estrechamente vinculadas al uso adecuado de los lenguajes científicos; competencias gerenciales, vinculadas a la gestión eficiente de la enseñanza y de sus recursos en diversos ambientes y entornos de aprendizaje; competencias sociales que le permitan acciones de liderazgo, de cooperación, de persuasión, de trabajo en equipo, etc., y competencias afectivas que aseguren unas actitudes, unas motivaciones y unas conductas favorecedoras de una docencia responsable y comprometida con el logro de los objetivos formativos deseables. (p. 5)

¿Cómo evaluar competencias?

La pregunta planteada es indudablemente compleja de responder. Existen muchas posturas, modelos que tratan en forma objetiva la evaluación de las competencias docente. Guzmán y Marín (2010) "considera valorar el nivel de logro de la competencia mediante evidencias de desempeños a partir de los cuales se infiere la competencia…implicaría el poder observar esa movilización -de lo cognitivo- que se expresada en desempeños." (p. 159)

Esto implica que el evaluador sea capaz de verificar la coherencia de la gestión en el aula entre los dominios cognitivos y dominio procedimental del docente, y como contextualiza sus saberes frente a sus estudiantes. Por ello, es fundamental la observación del desempeño, pero en el aula, en la interacción del proceso de aprendizaje y enseñanza, utilizando instrumentos confiables para dicha acción.

Los procesos de aprendizaje y la evaluación tienen una relación directa muy fuerte, lo que implica que el desarrollo de competencias se requiere una enseñanza basada en competencias congruente con una evaluación en competencias (Monereo 2009, p. 68).

Dimensiones de las competencias docentes

Para Pérez (2005) las competencias se definen como "las competencias mínimas que tiene que tener todo profesional de la educación y se dividen en unas competencias de orden general estructuradas en relación con unas competencias de orden específico" (p. 2)

Dimensión 1: Competencias Comunicacionales

Las competencias comunicativas son "las habilidades necesarias para entablar diálogos constructivos con los demás, comunicar puntos de vista, posiciones, necesidades, intereses e ideas propios, y comprender aquellos que los demás ciudadanos buscan comunicar" (Arteaga 2013, p. 1)

Estas competencias presentan tres componentes básicos: la escucha activa, que comprende demostrar que están escuchando y que son capaces de comprender y reconocer al que está comunicando, es decir que es un acto eminentemente social. El segundo componente es el asertividad, que nos permite expresar los intereses y necesidades, pero conservando o prevaleciendo las buenas relaciones entre las personas, es decir, comunicar con asertividad. El tercer componente es la argumentación, que implica la argumentación del hecho de manera que pueda ser comprendida por la persona que escucha.

Dimensión 2: Competencias Organizativas

Para Fonade (2015) "Son aquellas que deben tener o desarrollar todos los trabajadores y aspirantes de la Entidad, para contribuir efectivamente al logro de la visión, misión y objetivos estratégicos de la misma.". Asimismo, comprende un conjunto de valores que son fortalecidos por la conducta y dominio y conocimiento de los diversos procesos de la organización y el uso adecuado de los recursos para el logro de los objetivos organizacionales.

Entre las principales capacidades tenemos la excelencia en el trabajo, donde está orientado a identificar los planes y actividades establecidos, permitiendo la colaboración entre todo el equipo de la organización, gestionando los recursos para su cumplimiento y buscando alternativas de solución a los problemas presentados.

Dimensión 3: Competencias de Liderazgo pedagógico

Las competencias de liderazgo implican la guía y dirección para el logro de los aprendizajes de los estudiantes, manteniendo unido al grupo para el logro de los objetivos educacionales.

Para esto es mantener a los estudiantes motivados, cementando un dialogo directo y asertivo, manteniendo a los equipos con desempeños altos de aprendizaje, promoviendo la eficacia y participación de todos en forma reflexiva aprendiendo a tomar decisiones, orientado al logro de aprendizaje planificado,

Por ello es fundamental la determinación clara de metas y objetivos, estableciendo las acciones y actividades con plazos y recursos requeridos para alcanzarlo.

Es importante establecer un diagnóstico base con una visión prospectiva, cuyos objetivos orientados hacia ese escenario de futuro deseado, coherente con el proyecto institucional, buscando la resolución de problemas con efectividad, y diversos planes de acción.

En este diagnóstico se identifican las necesidades de aprendizaje proponiendo alternativas de solución, estimulando el aprendizaje, fomentando el trabajo en equipo y fomentar y desarrollar las habilidades para el logro de los objetivos.

Dimensión 4: Competencias Científicas

"La competencia científica alude a la capacidad y la voluntad de utilizar el conjunto de conocimientos y la investigación científica para explicar la naturaleza y actuar en contextos de la vida real," (Gobierno Vasco 2017, p. 3)

Asimismo, se entiende como:

"Cultura científica, tecnológica y el uso que se hace de ese conocimiento para identificar cuestiones, adquirir nuevos conocimientos, explicar los sistemas y fenómenos naturales más relevantes, la forma en que el entorno condiciona las actividades humanas, las consecuencias de esas actividades en el medio ambiente, las aplicaciones y desarrollos tecnológicos de la ciencia, actuar consciente y eficazmente en el cuidado de la salud personal y extraer conclusiones basadas en pruebas sobre temas relacionados con las ciencias y su aplicación práctica en la vida cotidiana en la toma de decisiones." (p. 3)

Además, el conocimiento científico "es una representación de la realidad, y esta representación puede ser parcial o incompleta. Por tanto, es imprescindible comprender la incertidumbre de nuestro conocimiento y la necesidad de adoptar el principio de precaución en la toma de decisiones ante situaciones problemáticas." (p. 4)

Hernández, Fernández y Baptista (2010), afirman que las competencias científicas "son un conjunto de conocimientos, capacidades y actitudes que permiten actuar e interactuar significativamente en contextos en los que se necesita producir, apropiar o aplicar comprensiva y responsablemente los conocimientos científicos." (p. 21).

Coronado y Arteta (2015) citan y definen las competencias científicas "Chona, et al. (2006) como la capacidad de un sujeto para reconocer un lenguaje científico, desarrollar habilidades de tipo experimental, organizar la información y trabajar en equipo, entre otros desempeños."

Para Quintanilla (2006) respecto a la capacitación afirma que:

Debemos comprender las competencias científicas como una habilidad para lograr adecuadamente una tarea con ciertas finalidades, conocimientos, habilidades y motivaciones que son requisitos para una acción eficaz en el aula en un determinado contexto que puede ser distinto a una habilidad, a una motivación o a un prerrequisito en otro contexto y el conjunto de saberes técnicos, metodológicos, sociales y participativos que se actualizan en una situación. (p.21)

Dimensión 5: Competencias de Evaluación y Control

Para el control "nada escapa a la inspección de observar, siempre, con esa mirada permanente de establecer, al final, una conformidad total entre el objeto controlado y el registro que sirve de modelo controlar; consiste en medir las desviaciones y las variaciones entre un referido y un referente constante, si no es que inmutable, porque sirve de patrón permanente." (Ardoino y Berger, 1986, p. 121).

La evaluación es la "construcción permanente y continuamente inacabada del referente y de sentido, no puede conducirse más que a un movimiento de per- fa ir y venir, al filo de artimañas y de evasiones de los sujetos (Ardoino y Berger 1986, p. 121)

En este marco, la evaluación y el control deben desarrollar competencias que permitan el buen ejercicio de la misma, estas competencias como la comprensión donde se debe reconocer el funcionamiento del proceso de enseñanza aprendizaje, su contexto, su racionalidad y su sentido educativo.

Puede reunir información relevante para el programa, sus objetivos y aspiraciones, y puede someterla a un examen profundo. Puede obtener, articular y compartir la comprensión de por qué el proceso es como es por referencia a los objetivos de quienes en él participan, los condicionamientos circunstanciales y las oportunidades disponibles, y reflexionar sobre esta comprensión a la luz del contexto más amplio y de experiencia del programa como un todo. (Kemmis, 1993, p. 67).

1.3.3 Bases teóricas de la variable aprendizaje significativo

Para (Ausubel 1963, p. 58), el aprendizaje significativo consiste en un conjunto de fases o procesos con la finalidad de articularlo con su estructura cognitiva del aprendiz. Es decir, el significado del objeto se articula y modifica con el significado de su estructura mental del conocimiento y almacenarlo en la representación del conocimiento. La característica más importante de este proceso es que no es arbitrario y es sustantivo.

Para el primer caso, cuando afirmamos que no es arbitrario no referimos a la relación entre lo nuevo con lo que existe en su estructura mental. Con lo segundo nos referimos a que se incorpora a la estructura cognitiva del aprendiz.

Ausubel (2009) afirma que el aprendizaje significativo "ocurre cuando una nueva información "se conecta" con un concepto relevante preexistente en la estructura cognitiva, esto implica que, las nuevas ideas, conceptos y proposiciones pueden ser aprendidos significativamente en la medida en que otras ideas, conceptos o proposiciones relevantes estén adecuadamente claras y disponibles en la estructura cognitiva del individuo y que funcionen como un punto de "anclaje" a las primeras." (p. 71)

"De esta interacción emergen, para el aprendiz, los significados de los materiales potencialmente significativos. En esta interacción es, también, en la que el conocimiento previo se modifica por la adquisición de nuevos significados." (Moreira 1997, p. 2)

El aprendizaje

Huerta (2002) afirma "que el aprendizaje es la construcción de significados dentro de la actividad del alumno, no es necesario la acumulación de conocimientos porque él es el responsable de su propio proceso de aprendizaje." (p. 139)

Huerta (2002, p.139) cita a Chiroque (1999, p. 109) y afirma que "el aprendizaje es el cambio de la estructura de saberes que ya tenemos sobre un tema determinado, estos cambios, deben abarcar la incorporación de nuevos conocimientos, procedimientos y actitudes acerca del tema." (p. 139)

Fuentes y Paredes (2007) expresan que el aprendizaje son cambios de comportamientos:

Es un proceso utilizado para la adaptación, la evolución, la supervivencia, los cambios en nuestro comportamiento, la adquisición de experiencia para la obtención de nueva información. El aprendizaje se diferencia del instinto por ser este último un conjunto de patrones de conducta determinadas genéticamente (p. 14).

Para Pallares y Pino (2011) "el aprendizaje es el conjunto de conceptos, ideas que se relaciona con la nueva información que un individuo posee en un determinado campo del conocimiento, así como su organización." (p. 46)

Aprendizaje significativo: significados y responsabilidades compartidas.

Según Ausubel (1983), "aprender significativamente o no forma parte del ámbito de decisión del individuo, una vez que se cuenta con los subsumidores relevantes y con un material que reúne los requisitos pertinentes de significatividad lógica" (p. 36).

Ausubel (1983) define conceptos como, "objetos, eventos, situaciones o propiedades que poseen atributos criteriales comunes y se designan, en una cultura dada, por algún signo (...) aceptado" (p. 86).

Gowin (1981), afirma que "la enseñanza se consuma cuando el significado del material que el alumno capta es el significado que el profesor pretende que ese material tenga para el alumno" (p.1). Gowin también aporta un instrumento de metaaprendizaje: la V heurística o epistemológica.

Aprendizaje significativo: un proceso crítico.

El aprendizaje significativo depende de las motivaciones, intereses y predisposición del aprendiz. El estudiante no puede engañarse a sí mismo, dando por sentado que ha atribuido los significados contextualmente aceptados, cuando sólo se ha quedado con algunas generalizaciones vagas sin significado psicológico (Novak, 1998) y sin posibilidades de aplicación.

Moreira (2000), "quien trata de modo explícito el carácter crítico del aprendizaje significativo; para ello integra los presupuestos ausubelianos con la enseñanza subversiva" (p. 34). Al identificar semejanzas y diferencias y al reorganizar su conocimiento, el aprendiz tiene un papel activo en sus procesos de aprendizaje. Como Gowin (1981) plantea, "ésta es su responsabilidad, y como Ausubel señala, depende de la predisposición o actitud significativa de aprendizaje.2 Esta actitud debe afectar también a la propia concepción sobre el conocimiento y su utilidad.

Dimensiones del aprendizaje significativo

Para David Ausubel (1983) considera que existen tres tipos de aprendizaje: el aprendizaje de representaciones, el aprendizaje de conceptos y el aprendizaje de proposiciones.

Dimensión 1: Aprendizaje de representaciones

Este hecho se produce cuando la persona o el estudiante establece una similitud entre el significado de sus símbolos arbitrarios con los referentes de objetos, ideas, constructos o eventos y que tienen significado para el estudiante. (Ausubel et al 1983, p. 46).

Este es el aprendizaje más simple del aprendiz, donde Ausubel lo denomina básico o representacional.

Es el aprendizaje más elemental del cual dependen los demás tipos de aprendizaje. Consiste en la atribución de significados a determinados símbolos (por ejemplo las palabras sustantivas). Al respecto Ausubel expone el siguiente ejemplo: Cuando un niño está aprendiendo el significado de la palabra 'perro' se le indica que el sonido de la palabra (…) representa, o es equivalente, al objeto-perro en particular que esté percibiendo en ese momento y, por consiguiente, que significa la misma cosa (…)" (p. 61).

Dimensión 2: Aprendizaje de conceptos

Este aprendizaje es definido por "objetos, eventos, situaciones o propiedades de que posee atributos de criterios comunes y que se designan mediante algún símbolo o signos" (Ausubel et al 1983. p.61)

Asimismo, Ausubel considera que:

Los conceptos son adquiridos a través de los procesos de formación y asimilación. En la formación de conceptos, las características del concepto se adquieren a través de la experiencia directa, en sucesivas etapas de formulación de hipótesis y su comprobación. Siguiendo el ejemplo anterior podemos decir que el niño adquiere el significado genérico y cultural de la palabra. El aprendizaje de conceptos por asimilación se produce a medida que se amplía el vocabulario. Los conceptos pueden conllevar atributos que se pueden definir usando las combinaciones disponibles en la estructura cognitiva. Por ello el niño podrá distinguir distintas características de un concepto. (p. 62)

Dimensión 3: Aprendizaje de proposiciones

El aprendizaje de proposiciones implica la combinación y relación de varias palabras cada una de las cuales constituye un referente unitario, luego estas se combinan de tal forma que la idea resultante es más que la simple suma de los significados de las palabras componentes individuales, produciendo un nuevo significado que es asimilado a la estructura cognoscitiva.

El aprendizaje de proposiciones está referido al significado de las ideas expresadas por grupos de palabras combinadas en proposiciones o sentencias.

"Según Ausubel, la estructura cognitiva tiende a organizarse jerárquicamente en términos de nivel de abstracción, generalidad e inclusividad de sus contenidos. Consecuentemente, la emergencia de los significados para los materiales de aprendizaje típicamente refleja una relación de subordinación a la estructura cognitiva," (Moreira 1997, p. 3)

Los conceptos y proposiciones de nivel significativo quedan subordinados bajo el entorno de ideas "abstractas, generales e inclusivas" se denominará aprendizaje significativo subordinado, siendo el más común de los aprendizajes.

Sin embargo, si los nuevos aprendizajes corroboran algún concepto o proposición en la estructura cognitiva, el aprendizaje se denomina derivativo. "Cuando el nuevo material es una extensión, elaboración, modificación o cuantificación de conceptos o proposiciones previamente aprendidos de manera significativa, el aprendizaje subordinado se considera correlativo" (Moreira 1997, p. 3)

1.4Problema:

1.4.1 Problema general

¿Cómo influye el acompañamiento pedagógico y las competencias docentes en el aprendizaje significativo en las instituciones educativas de Lince 2018?

1.4.2 Problemas específicos

Problema específico 1

¿Cómo influye el acompañamiento pedagógico y las competencias docentes en el aprendizaje significativo por representaciones en las instituciones educativas de Lince 2018?

Problema específico 2

¿Cómo influye el acompañamiento pedagógico y las competencias docentes en el aprendizaje significativo por conceptos en las instituciones educativas de Lince 2018?

Problema específico 3

¿Cómo influye el acompañamiento pedagógico y las competencias docentes en el aprendizaje significativo por representaciones en las instituciones educativas de Lince 2018?

1.5Justificación

1.5.1 Justificación teórica.

El estudio se justifica porque permite determinar la influencia del acompañamiento pedagógico y las competencias docentes en el aprendizaje significativo, que implica la descripción del problema en el contexto socio-económico-cultural de la población del distrito de Lince, con el apoyo de las autoridades. Analizaremos las teorías de las variables implicadas en la investigación y su medición empírica para contribuir al desarrollo y confirmación de las mismas.

1.5.2 Justificación práctica

El estudio es pertinente dado que en la actualidad existen problemas de conducción y estos muchas veces son enjuiciados por la sociedad quienes mencionan que no existe manejo adecuado en la conducción de la institución educativa , dado que esto no estaría en función de los objetivos trazados para la gestión educativa por la falta de liderazgo y de la gestión estratégica de los directores en las instituciones educativas para ello es necesario la contribución de los docentes en la ejecución de proyectos innovadores.

1.5.3 Justificación metodológica

Es importante porque, a través del desarrollo de la investigación, permitirá desarrollar las estrategias de investigación, su diseño y tipo de investigación. El estudio pretende aportar, instrumentos para medir la real dimensión de la importancia que tiene las variables en estudio en las instituciones educativas para la realización de los proyectos educativos que aportaran a la mejora de la institución. También el instrumento y los procedimientos de recolección de datos deben servir para la comunidad educativa para el análisis y replantear el tema de la estrategia en el logro de la calidad.

1.6Hipótesis

1.6.1 Hipótesis general

El acompañamiento pedagógico y las competencias docentes influyen en el aprendizaje significativo en las instituciones educativas de Lince 2018.

1.6.2 Hipótesis específicas

Hipótesis específica 1

El acompañamiento pedagógico y las competencias docentes influyen en el aprendizaje significativo por representaciones en las instituciones educativas de Lince 2018.

Hipótesis específica 2

El acompañamiento pedagógico y las competencias docentes influyen en el aprendizaje significativo por conceptos en las instituciones educativas de Lince 2018.

Hipótesis específica 3

El acompañamiento pedagógico y las competencias docentes influyen en el aprendizaje significativo por proposiciones en las instituciones educativas de Lince 2018.

1.7 Objetivos

1.7.1 Objetivo general

Determinar que el acompañamiento pedagógico y competencias docentes influyen en el aprendizaje significativo en las instituciones educativas de Lince 2018.

1.7.2 Objetivos específicos

Objetivo específico 1

Determinar que el acompañamiento pedagógico y competencias docentes influyen en el aprendizaje significativo por representaciones en las instituciones educativas de Lince 2018.

Objetivo específico 2

Determinar que el acompañamiento pedagógico y competencias docentes influyen en el aprendizaje significativo por conceptos en las instituciones educativas de Lince 2018.

Objetivo específico 3

Determinar que el acompañamiento pedagógico y competencias docentes influyen en el aprendizaje significativo por proposiciones en las instituciones educativas de Lince 2018.

II. Método

2.1 Diseño de investigación

El diseño de investigación utilizado es el no experimental, porque el investigador se ha limitado a observar los hechos o fenómenos sin intervenir, es decir no se ha manipulado ninguna variable.

Por su naturaleza la investigación es básica, que de acuerdo a Carrasco (2005) es "denominada también pura o fundamental, busca el progreso científico, acrecentar los conocimientos teóricos, sin interesarse directamente en sus posibles aplicaciones o consecuencias prácticas; es más formal y persigue las generalizaciones con vistas al desarrollo de una teoría basada en principios y leyes." (p. 43)

Asimismo, es descriptiva porque de acuerdo a Grajales (2000) porque:

...buscan desarrollar una imagen o fiel representación (descripción) del fenómeno estudiado a partir de sus características. Describir en este caso es sinónimo de medir. Miden variables o conceptos con el fin deespecificar las propiedades importantes de comunidades, personas, grupos o fenómeno bajo análisis. El énfasis está en el estudio independiente de cada característica, es posible que de alguna manera se integren las mediciones de dos o más características con el fin de determinar cómo es o cómo se manifiesta el fenómeno. Pero en ningún momento se pretende establecer la forma de relación entre estas características. (p. 3)

También de nivel explicativo, es decir, "parten de problemas bien identificados en los cuales es necesario el conocimiento de relaciones causa- efecto. En este tipo de estudios es imprescindible la formulación e hipótesis que, de una u otra forma, pretenden explicar las causas del problema o cuestiones íntimamente relacionadas con éstas." (Jiménez 1998, p. 7)

2.2 Variables, operacionalización

Para este estudio se identificaron las siguientes variables:

Variable Independiente 1:

Gonzales y Martínez (2010), el acompañamiento pedagógico es:

…es una mediación de recuperación y revitalización del quehacer educativo en comunidad; como experiencia y posibilidad para reencantar la vida escolar y las historias vocacionales fundentes de héroes y heroínas de nuestras aulas que dan sentido a la acción docente. Un trayecto complejo hacia las profundidades de las propias necesidades, potencialidades y capacidades profesionales, confrontadas por la colectividad de miradas internas y externas que acceden a nuestras prácticas para conocerlas, comprenderlas, apreciarlas y trastocarlas de modo que puedan orientarse cada vez más hacia la cualificación de lo que se es, se hace y se vive como persona y como docente en contextos formales de aprendizajes (p. 533)

Desde esta perspectiva se plantean la operacionalización con cuatro dimensiones, conformadas por aspectos iníciales, aspectos metodológicos, dominio de contenidos y actitudes y valores, donde presentan un conjunto de indicadores y que conforman 18 ítems, cuya medición se realiza a través de la escala de medición de Likert, 5. excelente, 4. muy bueno, 3. bueno, 2. regular y 1. Deficiente.

Tabla 1.

Dimensiones e indicadores de la variable independiente acompañamiento pedagógico

Dimensiones	Indicadores	Ítems	Escala de medición	Niveles y rangos
Aspectos Iníciales	Envía la clase con tiempo y toma algunas de las sugerencias realizadas y los procesos que se van a desarrollar.	Del 1 al 4		
Aspectos Metodológicos	Aprendizaje cooperativo-individual Docente como acompañante en el aprendizaje	Del 5 al 9	5. Excelente 4. Muy Bueno 3. Bueno 2. Regular 1. Deficiente	Ineficiente 18 - 42 Poco eficiente 43 - 66 Eficiente 67 -90
Dominio de contenidos	Utiliza los algoritmos básicos en la solución de situaciones problemas provenientes de la vida cotidiana	Del 10 al 14		
Actitudes y valores	Cuando entran los estudiantes al aula ya está el profesor esperando a los estudiantes, tiene las sillas organizadas en equipos y el material está dispuesto.	Del 15 al 18		

Variable independiente2: competencias docentes

Para Pérez (2005) "las competencias mínimas que tiene que tener todo profesional de la educación y se dividen en unas competencias de orden general estructuradas en relación con unas competencias de orden específico" (p. 2)

En la operacionalización de la variable, está conformada por las dimensiones: comunicacionales, organizativa, liderazgo pedagógico, científicas, evaluación y control. Estas conformadas por un conjunto de dimensiones y un instrumento formado por dieciséis preguntas cuya medición fue por escala Likert, 5. excelente, 4. muy bueno, 3. bueno, 2. regular y 1. deficiente.

Tabla 2.

Dimensiones e indicadores de la variable independiente 2: competencias docentes.

Dimensiones	Indicadores	Ítems	Escala de medición	Niveles y rangos
Comunicacional es	Mejora en los procesos de comunicación Fomento de actividades de dinamización la formación del profesorado Sensibilización del profesorado en el análisis, revisión y mejora de su propia formación Establecimiento de foros de reflexión sobre acciones formativas	Del 1 al 4		
Organizativa	Transferencia de aprendizajes en la formación permanente y aplicación de recursos innovadores Interpretación de la realidad docente Mejora de la convivencia	Del 5 al 7		
Liderazgo pedagógico	Relación con el profesorado de ámbitos cercanos y ampliación de horizontes en las relaciones internacionales Trabajo en equipo y superación de fronteras geográficas Impulso a los procesos de comunicación con otras lenguas	Del 8 al 10	5. Excelente 4. Muy Bueno 3. Bueno 2. Regular 1. Deficiente	Ineficiente 16 - 37 Poco eficiente 38 - 55 Eficiente 66 - 80
Científicas	Formación en contenidos científicos, didácticos y metodológicos Realización de proyectos innovadores Desarrollo del pensamiento empírico ante las nuevas realidades Impulso de la innovación y en la investigación científica	Del 11 al 14		
Evaluación y Control	Evaluación permanente de los procesos de formación del profesorado • Establecimiento y diseño de formaciones específicas con el fin de superar los puntos débiles y potenciar los fuertes	Del 15 al 16		

Fuente: Pérez (2005)

Variable dependiente: aprendizaje significativo

Para Ausubel (1963, p. 58), es "conjunto de fases o procesos con la finalidad de articularlo con su estructura cognitiva del aprendiz. Es decir, el significado del objeto se articula y modifica con el significado de su estructura mental del conocimiento y almacenarlo en la representación del conocimiento. La característica más importante de este proceso es que no es arbitrario y es sustantivo."

En la operacionalización de la variable, esta está conformada por las dimensiones: representaciones, conceptos y proposiciones. Están conformadas por un conjunto de dimensiones y un instrumento formado por dieciséis preguntas cuya medición fue por escala Likert, 5. excelente, 4. muy bueno, 3. bueno, 2. regular y 1. deficiente.

Tabla 3.

Dimensiones e indicadores de la variable dependiente: aprendizaje significativo

Dimensiones	Indicadores	Ítems	Escala de medición	Niveles y rangos
Representaciones	Compara el significado con los referentes. Constructos y conceptos con significado	Del 1 al 4	5. Excelente 4. Muy Bueno 3. Bueno	Bajo 16 - 37 Medio 38 - 55
Conceptos	Atribuye propiedades Asigna símbolos Forma conceptos	Del 11 al 14	2. Regular 1. Deficiente	Alto 66 - 80

| Proposiciones | Combina y relaciona conceptos
Da significado a las ideas
Organiza ideas y abstrae | Del 15 al 16 |

1.3 Población y muestra

1.3.1 Población de estudio

La población se define como el conjunto de todos los casos que concuerdan con determinadas especificaciones. Hernández, Fernández y Baptista (2014, p. 174). El marco poblacional está constituido por 101 docentes del nivel secundario de las instituciones públicas del distrito de Lince.

Tabla 4.

Población de estudio

Instituciones educativas	Docentes
1057 José Baquíjano y Carrillo	19
1070 Melitón Carbajal	42
Aplicación de San Marcos	18
República de Chile	22
Total	101

1.3.1 Muestra

La muestra es el subgrupo de la población del cual se recolectan los datos y debe ser representativo de ésta. Hernández, Fernández y Baptista (2014, p. 173). Para nuestra investigación, se tuvo en cuenta a toda la población, por lo tanto, se realiza un censo.

1.4 Técnicas e instrumentos de recolección de datos

1.4.1 Técnicas

La encuesta: La encuesta es una de las técnicas de recolección de información para la investigación, debido a que registra con veracidad la problemática existente, pues son los propios actores los que emiten la información que se realiza posteriormente y que permite incluso la validación de la hipótesis.

Instrumento 1: **Ficha técnica.**

Denominación : Ficha de evaluación de acompañamiento pedagógico

Objetivo   :

Evaluar el monitoreo docente

Administración   :

Grupal y/o individual

Tiempo   :   30

minutos

Estructura   :   18

ítems

Nivel de medición   :

Escala politómica

Validez a juicio de expertos: Dicho procedimiento de validez se realizó por criterio de jueces, realizado por el docente del módulo de desarrollo del trabajo de investigación quien evaluó la pertinencia, relevancia y claridad, mediante la aplicación del certificado de validez de la Escuela de Postgrado de la Universidad César Vallejo con sede en Lima.

Tabla 5.

Juicio de expertos

Expertos	Aplicabilidad del instrumento
Rodolfo Talledo Reyes	Aplicable
Yolvi Ocaña Fernández	Aplicable
Luis Alberto Nuñez Lira	Aplicable

Confiabilidad del Instrumento.

La confiabilidad del instrumento se realizó mediante la técnica de prueba previa o conocida como prueba piloto. En los resultados de la prueba piloto, el Coeficiente de Alfa de Cronbach y de KuderRicharson KR20

Tabla 6.

Confiablidad del instrumento

Instrumento	Técnica	Resultados
Instrumento 1	Alfa de Cronbach	0.838

Validez de constructoacompañamiento pedagógico

De acuerdo a la tabla 6, Los valores de KMO = 0,499 indica que las variables pueden ser explicadas por otros reactivos, es decir presentan factores comunes. Asimismo, la prueba de esfericidad de Bartlett (chi cuadrado aproximado de = 372,577; gl de 153 y sig. de ,000) nos dice que los reactivos están correlacionados y el modelo factorial es pertinente

Tabla 7.

Prueba de KMO y Bartlett

Medida Kaiser-Meyer-Olkin de adecuación de muestreo		,499
Prueba de esfericidad de Bartlett	Aprox. Chi-cuadrado	372,577
	gl	153
	Sig.	,000

En la tabla 7, los datos corresponden a los coeficientes de correlación lineal de Pearson entre la componente y la variable implicadas. Se observa que la mayoría de los ítems tienen una correlación moderada en mayor medida con el primer componente.

Tabla 8.

Comunalidades

	Inicial	Extracción
VAR00001	1,000	,524
VAR00002	1,000	,357
VAR00003	1,000	,629
VAR00004	1,000	,640
VAR00005	1,000	,708
VAR00006	1,000	,681
VAR00007	1,000	,518
VAR00008	1,000	,571
VAR00009	1,000	,780
VAR00010	1,000	,733

VAR00011	1,000	,752
VAR00012	1,000	,544
VAR00013	1,000	,663
VAR00014	1,000	,711
VAR00015	1,000	,673
VAR00016	1,000	,613
VAR00017	1,000	,699
VAR00018	1,000	,718

Método de extracción: análisis de componentes principales.

En la tabla 9los siete primeros componentes son los más influyentes en explicar los datos del análisis factorial de la variable, por medio del total de sus ítems (18), presenta una varianza del 17,510; es decir el cuestionario es bueno siendo el resto explicado por otros factores no incluidos es este cuestionario. Así, el primer factor explica el 11,742; el segundo factor 11,660, el tercer factor el 9,351, el cuarto factor 8,318, el quinto factor 8,065, el sexto factor 7,786 y el octavo factor 7,050.

Tabla 9.

Varianza total explicada

Componente	Autovalores iniciales			Sumas de cargas al cuadrado de la extracción			Sumas de cargas al cuadrado de la rotación		
	Total	% de varianza	% acumulado	Total	% de varianza	% acumula	Total	% de varianza	% acumul
1	3,152	17,510	17,510	3,152	17,510	17,510	2,114	11,742	11,742
2	1,944	10,803	28,312	1,944	10,803	28,312	2,099	11,660	23,403
3	1,699	9,439	37,751	1,699	9,439	37,751	1,683	9,351	32,754
4	1,284	7,135	44,886	1,284	7,135	44,886	1,497	8,318	41,072

5	1,239	6,883	51,770	1,239	6,883	51,770	1,452	8,065	49,137
6	1,177	6,538	58,308	1,177	6,538	58,308	1,402	7,786	56,924
7	1,020	5,666	63,974	1,020	5,666	63,974	1,269	7,050	63,974
8	1,000	5,554	69,528						
9	,908	5,045	74,573						
10	,817	4,538	79,110						
11	,736	4,089	83,199						
12	,651	3,617	86,816						
13	,617	3,430	90,246						
14	,499	2,772	93,018						
15	,452	2,513	95,532						
16	,324	1,798	97,329						
17	,292	1,623	98,952						
18	,189	1,048	100,000						

Método de extracción: análisis de componentes principales.

La figura de sedimentación (Figura 1) "justifica la elección de siete componentes principales (punto de inflexión – comienzo de la zona de "sedimentación" de la curva- tras las 9 primeras componentes) para el modelo."

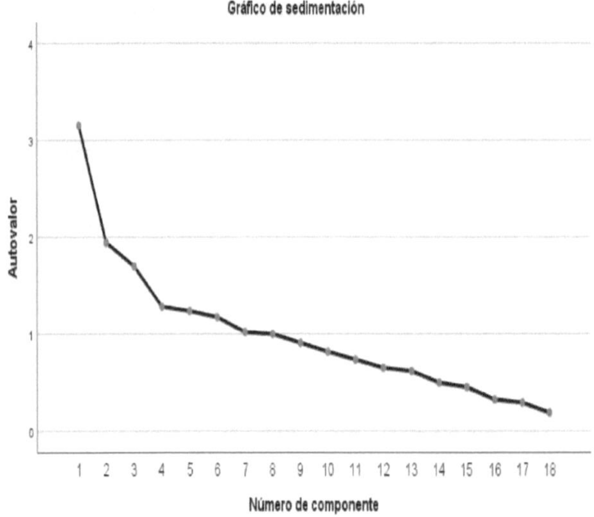

Figura 1.Numero de componentes

En la tabla 10, se indican los coeficientes de correlación lineal de Pearson entre la componente y la variable implicadas. Se observa que los ítems 7,9,10 y 16 tienen una relación moderada con el primer componente; los ítems 1, 6,11 y 13 tiene relación moderada con la segunda componente; los ítems 10 y 11 tienen relación moderada con la tercera componente; los ítems 1,7 y 14 con la cuarta componente; los ítems 5,14 y 17 tienen relación moderada con la quinta componente; los ítems 11, 16 con la sexta componente y, por último, el ítem 10 con el sétimo componente.

Tabla 10.

Matriz de componentes

	Componente						
	1	2	3	4	5	6	7
VAR00001	,348	,459	-,173	-,162	,267	-,113	,227
VAR00002	,206	-,131	-,253	,320	-,268	-,100	-,221
VAR00003	,510	-,388	,080	-,229	-,228	,288	-,155
VAR00004	,573	,164	-,389	,005	,014	-,157	-,329
VAR00005	,448	-,016	,276	-,624	,158	,121	-,038
VAR00006	,260	,692	,026	-,023	-,043	-,156	-,327
VAR00007	,527	-,200	-,325	-,214	-,045	-,060	,207
VAR00008	,222	,157	,282	-,201	,267	-,397	,385
VAR00009	,557	-,244	,374	,225	,245	,242	-,317
VAR00010	,504	-,379	,572	-,028	-,007	-,083	-,022
VAR00011	-,290	,407	,463	-,209	-,384	,296	,093
VAR00012	-,256	,087	,256	,063	,591	,095	-,209
VAR00013	-,002	,685	,070	,089	,042	,413	-,095
VAR00014	,360	,055	,079	,498	,113	,443	,340
VAR00015	,719	,295	-,202	-,089	-,081	,050	-,109
VAR00016	,455	-,006	-,343	,116	,093	,317	,406
VAR00017	,371	,109	,347	,478	,111	-,430	,051
VAR00018	,312	,217	,384	,146	-,587	-,172	,174

Método de extracción: análisis de componentes principales.

a. 7 componentes extraídos.

La tabla once nos indican las relaciones entre los ítems y los componentes; así, por ejemplo, el ítem 1 está relacionado con los ítems 2,3,4,5,6,7: el ítem 2, con los ítem 1,3,4,7, así sucesivamente.

Tabla 11.

Matriz de transformación de componente

Compone nte	1	2	3	4	5	6	7
1	,586	,538	-,237	,267	,374	,285	,133
2	-,442	,650	,554	,080	,060	-,118	,227
3	,460	-,315	,534	,506	-,179	-,254	,229
4	-,301	-,089	-,086	,620	,429	-,174	-,543
5	-,011	,043	-,408	-,049	,188	-,790	,411
6	,286	-,087	,419	-,525	,578	-,205	-,289
7	-,277	-,414	,043	,061	,521	,378	,575

Método de extracción: análisis de componentes principales.

Método de rotación: Varimax con normalización Kaiser.

La representación gráfica de los pesos de los ítems después de la rotación es la que se muestra en la figura 2, donde las variables se sitúan más próximas a la componente con la que están más correlacionadas.

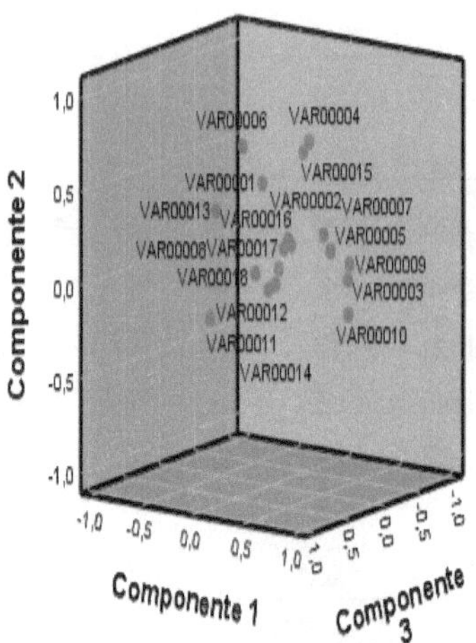

Figura 2.Componente en espacio rorado

Instrumento 2:   **Ficha técnica.**

Denominación : Ficha de evaluación de competencias docentes

Objetivo   : Evaluar el monitoreo docente **Administración**   :   Grupal
y/o individual **Tiempo**   : 30 minutos **Estructura**   : 16 ítems
Nivel de medición   :   Escala
politómica

Validez a juicio de expertos: Dicho procedimiento de validez se realizó por criterio de jueces, realizado por el docente del módulo de desarrollo del trabajo de investigación quien evaluó la pertinencia, relevancia y claridad, mediante la aplicación del certificado de validez de la Escuela de Postgrado de la Universidad César Vallejo con sede en Lima.

Tabla 12.

Juicio de expertos

Expertos	Aplicabilidad del instrumento
Rodolfo Talledo Reyes	Aplicable
Yolvi Ocaña Fernández	Aplicable
Luis Alberto Nuñez Lira	Aplicable

Confiabilidad del Instrumento.

La confiabilidad del instrumento se realizó mediante la técnica de prueba previa o conocida como prueba piloto. En los resultados de la prueba piloto, el Coeficiente de Alfa de Cronbach y de KuderRicharson KR20

Confiablidad de los instrumentos

Instrumento	Técnica	Resultados
Instrumento 1	Alfa de Cronbach	0.838

Validez de constructo variable competencias docentes

De acuerdo a la tabla 15, los valores de KMO = 0,539 indica que las variables pueden ser explicadas por otros reactivos, es decir presentan factores comunes. Asimismo, la prueba de esfericidad de Bartlett (chi cuadrado aproximado de = 333,676; gl de 120 y sig. de ,000) nos dice que los reactivos están correlacionados y el modelo factorial es pertinente.

Tabla 14.

Prueba de KMO y Bartlett

Medida Kaiser-Meyer-Olkin de adecuación de muestreo		,539
Prueba de esfericidad de Bartlett	Aprox. Chi-cuadrado	333,676
	gl	120
	Sig.	,000

En la tabla 16, los datos corresponden a los coeficientes de correlación lineal de Pearson entre la componente y la variable implicadas. Se observa que la mayoría de los ítems tienen una correlación moderada en mayor medida con el primer componente.

Tabla 15. Comunalidades

	Inicial	Extracción
VAR00001	1,000	,715
VAR00002	1,000	,824
VAR00003	1,000	,679
VAR00004	1,000	,651
VAR00005	1,000	,562
VAR00006	1,000	,661
VAR00007	1,000	,782
VAR00008	1,000	,641
VAR00009	1,000	,701
VAR00010	1,000	,650
VAR00011	1,000	,735
VAR00012	1,000	,813
VAR00013	1,000	,607
VAR00014	1,000	,650
VAR00015	1,000	,689
VAR00016	1,000	,734

Método de extracción: análisis de componentes principales.

En la tabla 17 los siete primeros componentes son los más influyentes en explicar los datos del análisis factorial de la variable, por medio del total de sus ítems (16), presenta una varianza del 19,090; es decir el cuestionario es bueno siendo el resto explicado por otros factores no incluidos es este cuestionario. Así, el primer factor explica el 11,847; el segundo factor 10,389, el tercer factor el 10,302, el cuarto factor 9,391, el quinto factor 9,380, el sexto factor 9,152 y el octavo factor 8,878.

Tabla 16.

Varianza total explicada

Componente	Autovalores iniciales			Sumas de cargas al cuadrado de la extracción			Sumas de cargas al cuadrado de la rotación		
	Total	% de varianza	% acumulado	Total	% de varianza	% acumulado	Total	% de varianza	% acumulado
1	3,054	19,090	19,090	3,054	19,090	19,090	1,895	11,847	11,847
2	1,798	11,239	30,328	1,798	11,239	30,328	1,662	10,389	22,236
3	1,616	10,102	40,430	1,616	10,102	40,430	1,648	10,302	32,538
4	1,357	8,481	48,910	1,357	8,481	48,910	1,503	9,391	41,929
5	1,193	7,453	56,364	1,193	7,453	56,364	1,501	9,380	51,309
6	1,055	6,592	62,956	1,055	6,592	62,956	1,464	9,152	60,461
7	1,021	6,383	69,339	1,021	6,383	69,339	1,420	8,878	69,339
8	,924	5,778	75,117						
9	,777	4,855	79,972						
10	,746	4,660	84,631						
11	,621	3,880	88,511						
12	,548	3,427	91,938						
13	,415	2,595	94,533						
14	,323	2,018	96,551						
15	,300	1,876	98,428						
16	,252	1,572	100,000						

Método de extracción: análisis de componentes principales.

La figura de sedimentación (Figura 3) "justifica la elección de siete componentes principales (punto de inflexión –comienzo de la zona de "sedimentación" de la curva- tras las 7 primeras componentes) para el modelo."

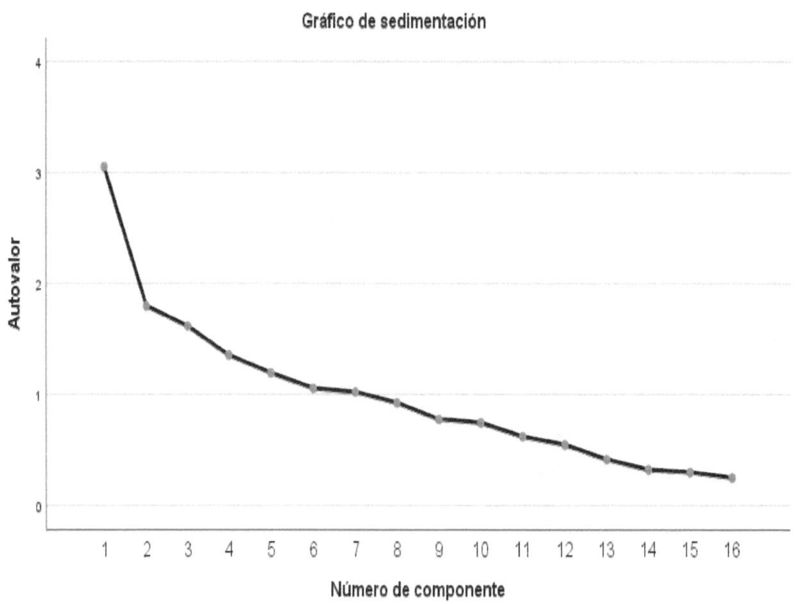

Figura 3.Numero de componente

En la tabla 18, se indican los coeficientes de correlación lineal de Pearson entre la componente y la variable implicadas. Se observa que los ítems 1,2,4,6,7,10,11,15 y 16 tienen una relación moderada con el primer componente; los ítems 3,8,9 y 12 tiene relación moderada con la segunda componente; los ítems 10 y 11 tienen relación moderada con la tercera componente; los ítems 6,7 y 16 con la cuarta componente; los ítems 14 tienen relación moderada con la quinta componente.

Tabla 17.

Matriz de componente

	Componente						
	1	2	3	4	5	6	7
VAR00001	,622	,250	-,216	,043	-,375	-,244	,129
VAR00002	,460	,087	,184	-,392	-,524	,362	-,109
VAR00003	,236	,636	-,121	,126	-,269	-,247	-,234
VAR00004	,509	-,259	-,267	-,213	-,270	-,330	,166
VAR00005	,279	,223	,116	-,441	,223	,055	-,417
VAR00006	,561	-,162	,407	,291	-,070	,248	,056
VAR00007	,502	-,102	,635	-,273	,054	,173	,099
VAR00008	-,296	,624	,203	-,012	,013	,322	,137
VAR00009	,040	,647	-,279	,350	-,069	,269	-,054
VAR00010	,463	,009	-,005	,489	,288	,217	,258
VAR00011	,456	,113	,338	,215	,316	-,460	-,206
VAR00012	,238	,501	,348	-,185	,204	-,306	,463
VAR00013	,380	-,250	,184	,522	-,147	,015	-,268
VAR00014	,374	,134	-,313	-,241	,530	,093	-,217
VAR00015	,648	-,096	-,394	-,035	,147	,168	-,231
VAR00016	,474	-,090	-,477	-,115	,143	,185	,454

Método de extracción: análisis de componentes principales.

a. 7 componentes extraídos.

La tabla 20nos indican las relaciones entre los ítems y los componentes; así, por ejemplo, el ítem 1 está relacionado con los ítems 2,3,4,5,6,7: el ítem 2, con los ítems 1,3,6,7, así sucesivamente

Tabla 18.

Matriz de transformación de componente

Compon ente	1	2	3	4	5	6	7
1	,538	,262	,402	,383	,363	,386	,228
2	-,209	,698	-,544	-,025	,028	,154	,385
3	,396	-,336	-,237	-,538	,340	-,156	,494
4	,681	,267	-,194	,031	-,496	-,375	-,200
5	,091	-,417	-,240	,173	-,552	,588	,282
6	,135	-,229	-,625	,378	,447	,079	-,435
7	-,138	-,182	-,017	,624	-,021	-,557	,497

Método de extracción: análisis de componentes principales.

Método de rotación: Varimax con normalización Kaiser.

La representación gráfica de los pesos de los ítems después de la rotación es la que se muestra en la figura 4, donde las variables se sitúan más próximas a la componente con la que están más correlacionadas.

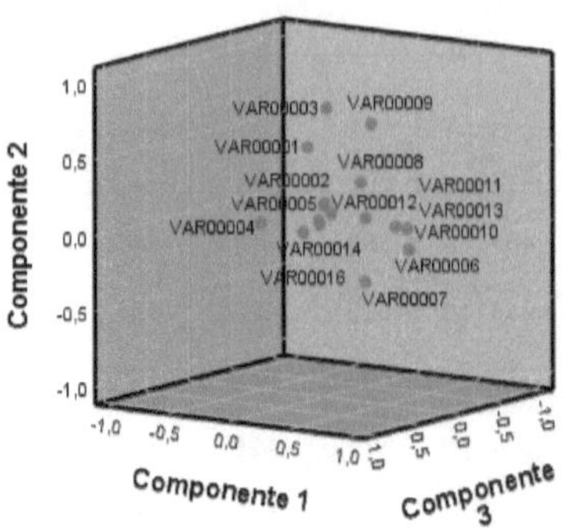

Figura 4.Componente de espacio rotado

Instrumento 3: Ficha técnica.

Denominación : Ficha de evaluación aprendizaje significativo

Objetivo : Evaluar el monitoreo docente

Administración : Grupal y/o individual

Tiempo : 30 minutos

Estructura : 19 ítems

Nivel de medición : Escala politómica

Validez a juicio de expertos: Dicho procedimiento de validez se realizó por criterio de jueces, realizado por el docente del módulo de desarrollo del trabajo de investigación quien evaluó la pertinencia, relevancia y claridad, mediante la aplicación del certificado de validez de la Escuela de Postgrado de la Universidad César Vallejo con sede en Lima.

Tabla 19.

Juicio de expertos

Expertos	Aplicabilidad del instrumentos
Rodolfo Talledo Reyes	Aplicable
Yolvi Ocaña Fernández	Aplicable
Luis Alberto Nuñez Lira	Aplicable

Confiabilidad del Instrumento.

La confiabilidad del instrumento se realizó mediante la técnica de prueba previa o conocida como prueba piloto. En los resultados de la prueba piloto, el Coeficiente de Alfa de Cronbach y de KuderRicharson KR20

Tabla 20.

Confiablidad de los instrumentos

Instrumento	Técnica	Resultados
Instrumento 1	Alfa de Cronbach	0.838

De acuerdo a la tabla 23, los valores de KMO = 0,532 indica que las variables pueden ser explicadas por otros reactivos, es decir presentan factores comunes. Asimismo, la prueba de esfericidad de Bartlett (chi cuadrado aproximado de = 409,068; gl de 210 y sig. de ,000) nos dice que los reactivos están correlacionados y el modelo factorial es pertinente

Tabla 21.

Prueba de KMO y Bartlett

Medida Kaiser-Meyer-Olkin de adecuación de muestreo		,532
Prueba de esfericidad de Bartlett	Aprox. Chi-cuadrado	409,068
	gl	210
	Sig.	,000

En la tabla 24, los datos corresponden a los coeficientes de correlación lineal de Pearson entre la componente y la variable implicadas. Se observa que la mayoría de los ítems tienen una correlación moderada en mayor medida con el primer   componente.

Tabla 22.

Comunalidades

	Inicial	Extracción
VAR00001	1,000	,531
VAR00002	1,000	,628
VAR00003	1,000	,709
VAR00004	1,000	,670
VAR00005	1,000	,638
VAR00006	1,000	,547
VAR00007	1,000	,558
VAR00008	1,000	,624
VAR00009	1,000	,445
VAR00010	1,000	,596
VAR00011	1,000	,492
VAR00012	1,000	,693
VAR00013	1,000	,598
VAR00014	1,000	,723
VAR00015	1,000	,628
VAR00016	1,000	,433
VAR00017	1,000	,473
VAR00018	1,000	,749
VAR00019	1,000	,549
VAR00020	1,000	,589
VAR00021	1,000	,597

Método de extracción: análisis de componentes principales.

En la tabla 22 los siete primeros componentes son los más influyentes en explicar los datos del análisis factorial de la variable, por medio del total de sus ítems (21), presenta una varianza del 13,183; es decir el cuestionario es bueno siendo el resto explicado por otros factores no incluidos es este cuestionario. Así, el primer factor explica el 10,525; el segundo factor 9,315, el tercer factor el 9,045, el cuarto factor 8,982, el quinto factor 7,803, el sexto factor 6,989 y el séptimo factor 6,735.

Tabla 23.

Varianza total explicada

Componente	Autovalores iniciales			Sumas de cargas al cuadrado de la extracción			Sumas de cargas al cuadrado de la rotación		
	Total	% de varianza	% acumulado	Total	% de varianza	% acumulado	Total	% de varianza	% acumulado
1	2,768	13,183	13,183	2,768	13,183	13,183	2,210	10,525	10,525
2	2,400	11,428	24,611	2,400	11,428	24,611	1,956	9,315	19,840
3	1,794	8,540	33,152	1,794	8,540	33,152	1,899	9,045	28,885
4	1,739	8,283	41,434	1,739	8,283	41,434	1,886	8,982	37,866
5	1,444	6,875	48,309	1,444	6,875	48,309	1,639	7,803	45,669
6	1,208	5,754	54,064	1,208	5,754	54,064	1,464	6,969	52,638
7	1,115	5,310	59,373	1,115	5,310	59,373	1,414	6,735	59,373
8	,981	4,671	64,044						
9	,947	4,508	68,552						
10	,880	4,191	72,743						
11	,841	4,004	76,746						
12	,757	3,606	80,352						
13	,689	3,282	83,634						
14	,603	2,873	86,507						
15	,546	2,602	89,109						
16	,500	2,382	91,490						
17	,485	2,312	93,802						
18	,411	1,958	95,759						
19	,366	1,742	97,502						
20	,292	1,393	98,895						
21	,232	1,105	100,000						

Método de extracción: análisis de componentes principales.

La figura de sedimentación (Figura 5) "justifica la elección de siete componentes principales (punto de inflexión –comienzo de la zona de "sedimentación" de la curva- tras las 7 primeras componentes) para el modelo."

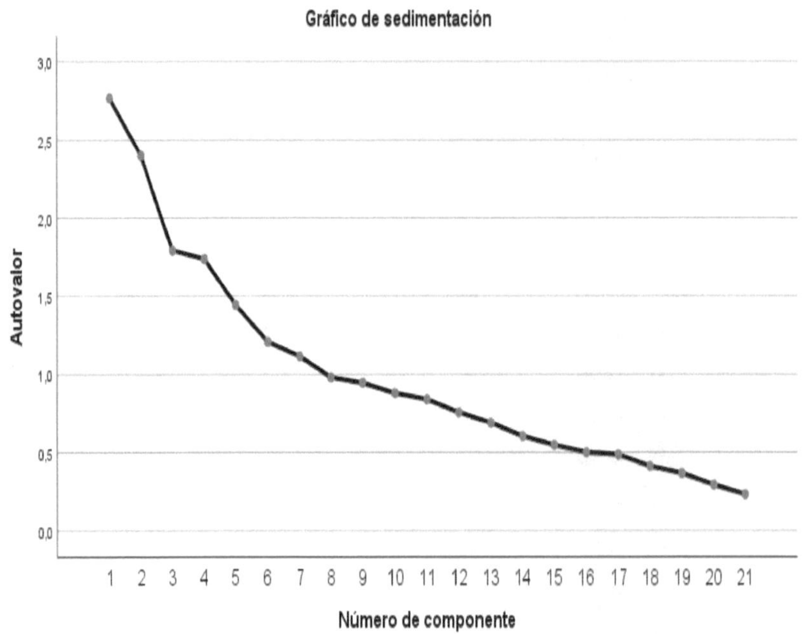

Figura 5.Número de componente

En la tabla 23, se indican los coeficientes de correlación lineal de Pearson entre la componente y la variable implicadas. Se observa que los ítems 6 y 7 tienen una relación moderada con el primer componente; los ítems 2,3 y 6 tiene relación moderada con la segunda componente; los ítems 3,4 y 6 tienen relación moderada con la tercera componente; los ítems 2 y 5 con la cuarta componente; los ítems 1 tienen relación moderada con la quinta componente.

Tabla 24.

Matriz de componente

	Componente						
	1	2	3	4	5	6	7
VAR00001	,379	-,158	-,225	-,139	,079	,240	,477
VAR00002	-,279	,445	,258	-,168	-,415	,241	,162
VAR00003	-,066	,201	-,522	,165	-,019	,603	,002
VAR00004	-,173	,592	-,212	,103	,460	-,140	-,050
VAR00005	-,202	,546	-,228	-,135	,319	-,111	-,339
VAR00006	,560	-,129	-,386	,184	-,106	-,130	-,080
VAR00007	,335	-,014	-,028	,636	-,063	-,042	,185
VAR00008	-,114	,461	,045	,242	,014	-,398	,423
VAR00009	-,070	,554	-,231	,000	,146	,240	,000
VAR00010	,572	-,248	-,133	-,280	-,182	,131	-,246
VAR00011	,337	-,079	-,045	,368	,435	-,212	-,012
VAR00012	,469	,470	,262	,055	-,305	-,113	,273
VAR00013	,477	,420	-,018	,348	-,206	,152	-,086
VAR00014	-,364	-,009	,301	,461	,195	,473	,157
VAR00015	-,209	-,131	,647	-,122	,352	,091	,037
VAR00016	,361	,248	,412	-,239	-,002	,104	,063
VAR00017	,474	,231	,379	,025	,039	-,121	-,187
VAR00018	,195	-,001	,407	,507	-,032	,198	-,498
VAR00019	,254	,541	,077	-,386	-,031	,089	-,164
VAR00020	,437	-,225	,139	-,108	,498	,219	,144
VAR00021	,561	,103	-,021	-,310	,377	,106	,147

Método de extracción: análisis de componentes principales.

a. 7 componentes extraídos.

La tabla 25 nos indican las relaciones entre los ítems y los componentes; así, por ejemplo, el ítem 1 está relacionado con los ítems 2,3, el ítem 2, con losítem 1,4,6,7, así sucesivamente

Tabla 25.

Matriz de transformación de componente

Component	1	2	3	4	5	6	7
1	,518	,544	,569	-,208	,254	-,054	-,046
2	,570	-,005	-,231	,657	,025	,351	,256
3	,450	-,663	-,048	-,274	,317	,028	-,423
4	-,345	,059	-,045	-,101	,744	,519	,203
5	-,258	-,352	,734	,508	,036	,020	-,105
6	,118	-,329	,116	-,162	,134	-,413	,806
7	,073	-,167	,258	-,394	-,511	,657	,226

Método de extracción: análisis de componentes principales.

Método de rotación: Varimax con normalización Kaiser.

La representación gráfica de los pesos de los ítems después de la rotación es la que se muestra en la figura 6, donde las variables se sitúan más próximas a la componente con la que están más correlacionadas.

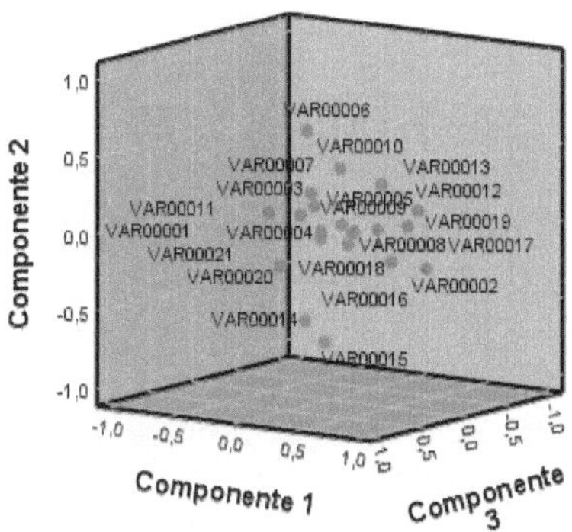

Figura 6. Componente en espacio rotado.

1.5 Método de análisis de datos

Para el análisis de los datos de la aplicación de los instrumentos de investigación, se procederá a su crítica, codificación, tabulación, se les aplicará las técnicas estadísticas de distribución de frecuencias y representaciones gráficas en porcentajes para las variables. Por último, para graficarlos, mediante la presentación de los resultados en figura de barras para su posterior análisis cuantitativo.

La prueba de la hipótesis se realizará a través de la regresión logística nominal, debido a que sus variables son cualitativas ordinales, cuya formula es:

$$P\left(y \le k\right) = \frac{\exp\left(\theta_k + x'\beta\right)}{1 + \exp\left(\theta_k + x'\beta\right)}$$

1.6 Aspectos éticos

Se realizó la investigación teniendo en cuenta los procedimientos establecidos en la universidad y se solicitarán las autorizaciones pertinentes, para la toma de muestra, sin falseamiento de datos.

La investigación buscó mejorar el conocimiento y la generación de valor en la institución y su grupo de interés. El trabajo de investigación respetó la originalidad y autenticidad buscando un aporte por parte de la tesista hacia la comunidad científica. Los miembros de la muestra serán informados acerca de la investigación y darán su consentimiento voluntario antes de convertirse en participantes de la investigación.

III. Resultados

3.1 Resultados descriptivos de la variable

3.1.1 Variable acompañamiento pedagógico

En la tabla 26 y figura 7 se muestran los resultados de la variable acompañamiento pedagógico de acuerdo a los docentes: El 73,3% presenta un nivel eficiente y el 26,7% presenta un nivel poco eficiente.

Podemos concluir que el monitoreo docente de acuerdo a docentes de las instituciones del distrito de Lince, presenta una tendencia de nivel eficiente.

Tabla 26.

Niveles de acompañamiento pedagógicoen las instituciones educativas de Lince 2018

	Frecuencia	Porcentaje
Eficiente	74	73.3
Poco eficiente	27	26.7
Ineficiente	0	0.0
Total	101	100,0

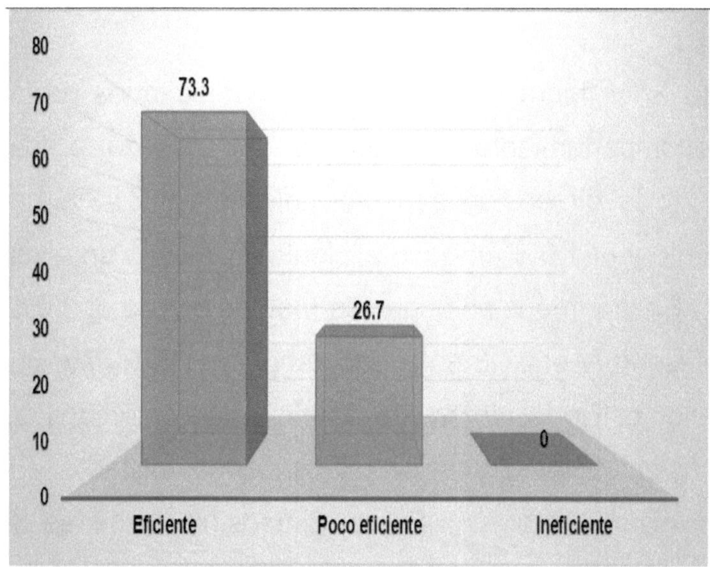

Figura 7.Niveles de acompañamiento pedagógico en las instituciones educativas de Lince 2018

En la tabla 27 y figura 8 se muestran los resultados de la variable acompañamiento pedagógico de acuerdo a los docentes: en la dimensión aspectos iniciales el 31,7% un nivel eficiente y el 4.0% un poco eficiente. El 64.4% un nivel ineficiente. En la dimensión aspectos metodológicos el 3,0% un nivel eficiente y el 67,3% un poco eficiente. El 29,7% un nivel ineficiente. En la dimensión dominio de contenidos el 1,0% un nivel eficiente y el 44,6% un poco eficiente. El 54.5% un nivel ineficiente. En la dimensión actitudes y valores el 16,8% un nivel eficiente y el 6.9% un poco eficiente. El 76.2% un nivel ineficiente.

Tabla 27.

Niveles de acompañamiento pedagógico por dimensiones en las instituciones educativas de Lince 2018

	Aspectos Iníciales		Aspectos metodológicos		Dominio de contenidos			
	f	%	f	%	f	%	f	
Eficiente	32	31.7	3	3.0	1	1.0	17	

Poco eficiente	4	4.0	68	67.3	45	44.6	76
Ineficiente	65	64.4	30	29.7	55	54.5	777
Total	101	100,0	101	100,0	101	100,0	101

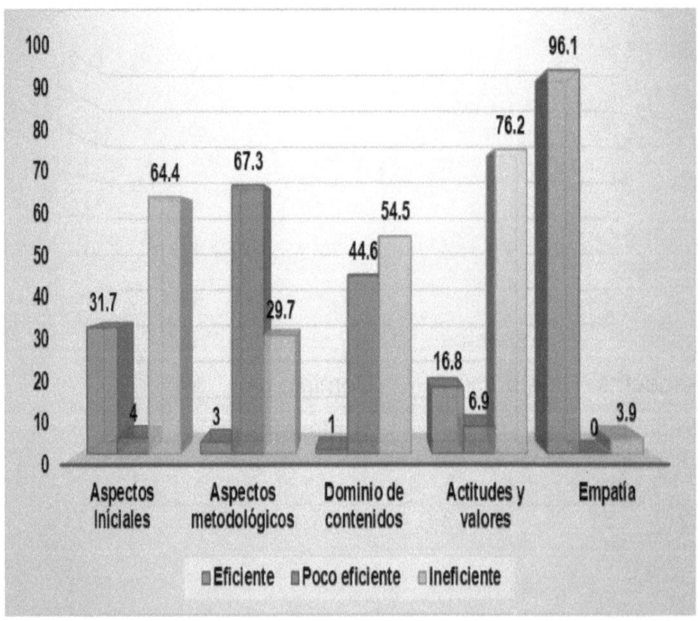

Figura 8.Niveles de acompañamiento pedagógico por dimensiones en las instituciones educativas de Lince 2018

3.1.1 Variable competencias docentes

En la tabla 28 y figura 9 se muestran los resultados de la variable competencias docentes en las instituciones educativas de Lince: El 100.0% presenta un nivel deficiente.

Podemos concluir que las competencias docentes de las instituciones del distrito de Lince, presenta una tendencia de nivel deficiente.

Tabla 28.

Niveles de competencias docentes en las instituciones educativas de Lince

	Frecuencia	Porcentaje
Eficiente	0	0.0
Poco eficiente	0	0.0
Deficiente	101	100.0
Total	101	100,0

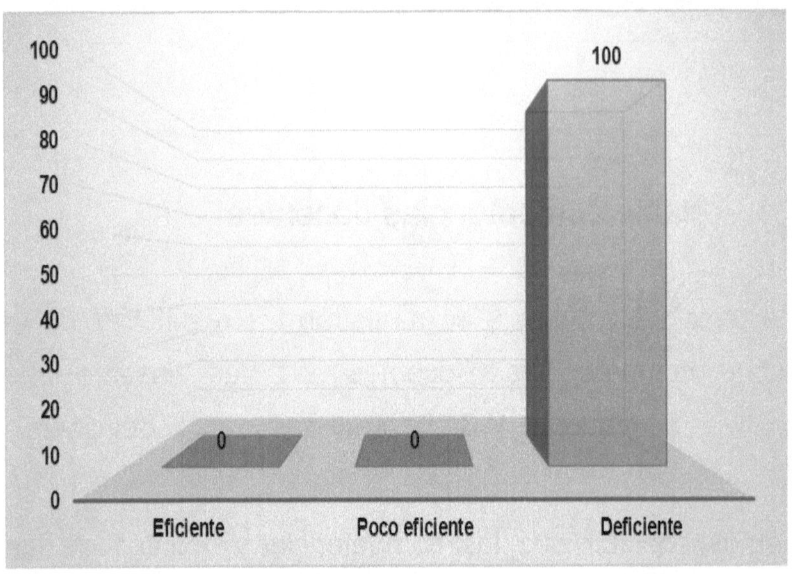

Figura 9.Nivelesde competencias docentes en las instituciones educativas de Lince.

En la tabla 29 y figura 10 se muestran los resultados de la variable competencias docentes en las instituciones educativas de Lince: En la dimensión comunicacionales el 10.9% presenta un nivel eficiente, el 11.9% nivel poco eficiente y 77.2% nivel deficiente. En la dimensión organizativa el 92.1% presenta un nivel eficiente, el 7.9% nivel poco eficiente y 0.0% nivel deficiente. En la dimensión liderazgo pedagógico el 22.8% presenta un nivel eficiente, el 2.0% nivel poco eficiente y 75.2% nivel deficiente. En la dimensión científica el 0,0% presenta un nivel eficiente, el 33,7% nivel poco eficiente y 66,3% nivel ineficiente. En la dimensión evaluación y control el 100,0% presenta un nivel eficiente.

Tabla 29.

Niveles de competencias docentes por dimensiones en las instituciones educativas de Lince 2018

	comunicacional		organizativa		Liderazgo pedagógico		Científicas		Evaluación y control	
	f	%	f	%	f	%	f	%	f	
Eficiente	11	10.9	93	92.1	23	22.8	0	0.0	101	
Poco eficiente	12	11.9	8	7.9	2	2.0	34	33.7	0	
Ineficiente	78	77.2	0	0.0	76	75.2	67	66.3	0	
Total	101	100,0	101	100,0	101	100,0	101	100,0	101	

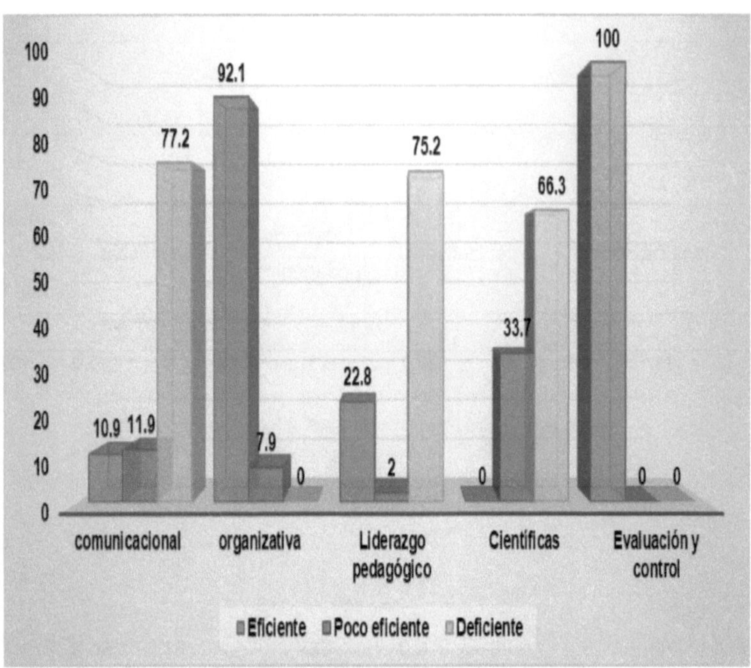

Figura 10.Niveles de competencias docentes por dimensiones en las instituciones educativas de Lince

1.1.2 Variable aprendizaje significativo

En la tabla 30 y figura 11 se muestran los resultados de la variable aprendizaje significativo en las instituciones educativas de Lince: El 50.5% presenta un nivel alto y el 49,5% un nivel medio.

Podemos concluir que el aprendizaje significativo de las instituciones del distrito de Lince, presenta una tendencia de nivel alto.

Tabla 30.

Niveles de aprendizaje significativo en las instituciones educativas de Lince

	Frecuencia	Porcentaje
Alto	51	50.5
Medio	50	49.5
Bajo	0	0.0
Total	101	100,0

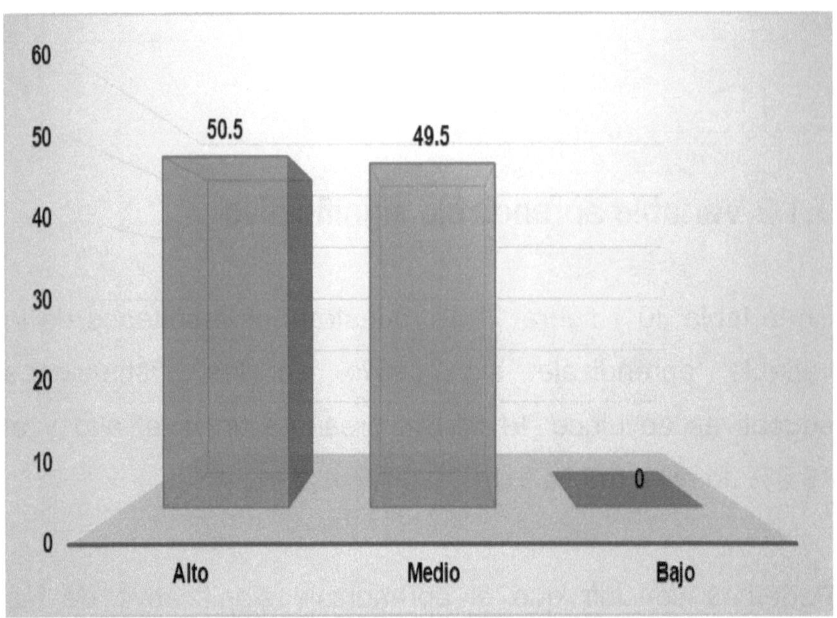

Figura 11.Niveles de aprendizaje significativo en las instituciones educativas de Lince.

En la tabla 31 y figura 12 se muestran los resultados de la variable aprendizaje significativo en las instituciones educativas de Lince: En la dimensión representaciones el 63,4% presenta un nivel alto, el 1.0% presenta un nivel medio y el 35,6% un nivel bajo. En la dimensión conceptos el 63,4% presenta un nivel alto, el 36,6.0% presenta un nivel medio y el 0% un nivel bajo. En la dimensión proposiciones el 54.5% presenta un nivel alto, el 2.0% presenta un nivel medio y el 43.6% un nivel bajo.

Tabla 31.

Niveles de competencias docentes por dimensiones en las instituciones educativas de Lince 2018

	Representaciones		Conceptos		Proposiciones	
	f	%	f	%	f	%
Alto	64	63.4	64	63.4	55	
Medio	1	1.0	37	36.6	2	
Bajo	36	35.6	0	0.0	44	
Total	101	100,0	101	100,0	101	

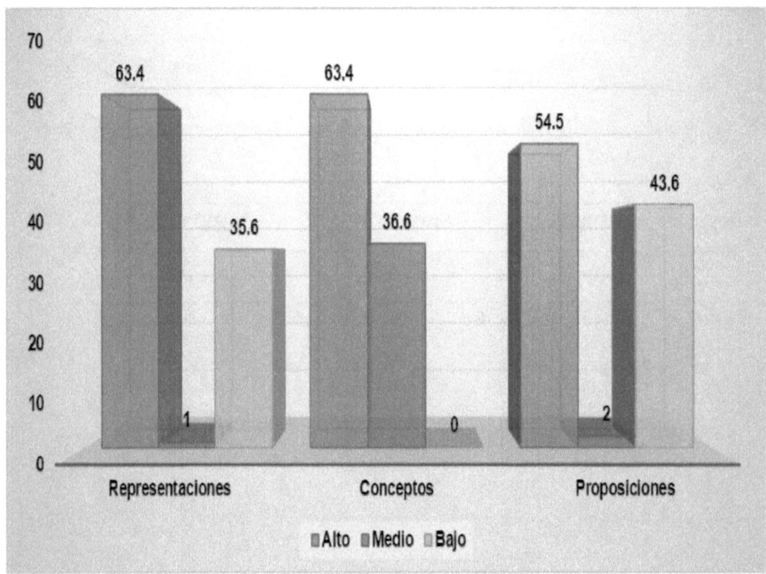

Figura 12.Niveles de aprendizaje significativo por dimensiones en las instituciones educativas de Lince

3.2 Prueba de hipótesis

Prueba de hipótesis general

Ho: El
acompañamiento pedagógico y las competencias docentes
no influye en el aprendizaje significativo en las instituciones
educativas de Lince 2018.

Ha: El
acompañamiento pedagógico y las competencias docentes
influye en el aprendizaje significativo en las instituciones
educativas de Lince 2018.

En la tabla 32, la información de ajuste de los modelos
indica que el ajuste del modelo en su conjunto, es de utilidad
en la predicción de la probabilidad de ocurrencia de las
categorías recogidas en la variable dependiente. El valor de
la del modelo empírico a la que se aproxima la razón de
verosimilitud es de 12,223 con 2 grados de libertad, y su
significancia es plena (p=0,002), por lo que se rechaza la
hipótesis nula de que todos los coeficientes del modelo, a
excepción de la constante, son cero, con una probabilidad
de error del 5%.

Tabla 32.

Información de ajuste de la hipótesis general

Modelo	Logaritmo de la verosimilitud -2	Chi-cuadrado	gl	Sig.
Sólo intersección	133,074			
Final	120,851	12,223	2	,002

Función de enlace: Logit.

De acuerdo a la tabla 33, la bondad de ajuste nos indica que la significancia del modelo es mayor a 0,05, (p=0,054) lo que implica que el modelo es adecuado para el ajuste de los datos.

Tabla 33.

Bondad de ajuste de la hipótesis general

	Chi-cuadrado	gl	Sig.
Pearson	89,971	70	,054
Desvianza	114,966	70	,001

Función de enlace: Logit.

De acuerdo a la tabla 34, el pseudo r cuadrado nos indica que en el modelo está asociada con la variable dependiente, con una significatividad de p = 0,002 y que las la fuerza de la covariables estudiadas (monitoreo docente y competencias directivas) nos permite predecir la variable dependiente (aprendizaje significativo). Así, Cox y Snell indica que el índice es de 0,114, Nagelkerke indica que el índice es de 0,152 y McFadden nos indica un índice de 0,087.

El R2 de Nagelkerke comprueba que la eficacia predictiva de la probabilidad de ocurrencia de las categorías de la variable dependiente es de 15,2%, lo cual indica a su vez que el 84.8% restante viene explicado por las otras variables que no fueron incluidas en el modelo.

Tabla 34.

Pseudo R cuadrado de la hipótesis general

Método	Valor
Cox y Snell	,114
Nagelkerke	,152
McFadden	,087

Función de enlace: Logit.

Prueba de hipótesis específica 1

Ho: El acompañamiento pedagógico y las competencias docentes no influye en el aprendizaje significativo por representaciones en las instituciones educativas de Lince 2018.

Ha: El
acompañamiento pedagógico y las competencias docentes influye en el aprendizaje significativo por representaciones en las instituciones educativas de Lince 2018.

En la tabla 35, El valor de la del modelo empírico a la que se aproxima la razón de verosimilitud es de ,460 con 2 grados de libertad, y su significancia es plena (p=0,794), por lo que se rechaza la hipótesis del investigador de que todos los coeficientes del modelo, con una probabilidad de error del 5%.

Tabla 35.

Información de ajuste de la hipótesis específica 1

Modelo	Logaritmo de la verosimilitud -2	Chi-cuadrado	gl	Sig.
Sólo intersección	130,578			
Final	130,118	,460	2	,794

Función de enlace: Logit.

De acuerdo a la tabla 36, la bondad de ajuste nos indica que la significancia del modelo es mayor a 0,05, (p=0,794) lo que implica que el modelo es adecuado para el ajuste de los datos.

Tabla 36.

Bondad de ajuste de la hipótesis específica 1

	Chi-cuadrado	gl	Sig.
Pearson	132,974	142	,694
Desvianza	120,989	142	,899

Función de enlace: Logit.

De acuerdo a la tabla 37, el pseudo r cuadrado nos indica que en el modelo no está asociada con la variable dependiente, con una significatividad de p = 0,794 y que las la fuerza de la covariables estudiadas (monitoreo docente y competencias directivas) no nos permite predecir la variable dependiente (aprendizaje significativo por representaciones). Así, Cox y Snell indica que el índice es de 0,005, Nagelkerke indica que el índice es de 0,006 y McFadden nos indica un índice de 0,003.

El R2 de Nagelkerke comprueba que la eficacia predictiva de la probabilidad de ocurrencia de las categorías de la variable dependiente que al ser una cifra no significativa nos indica que no existe ninguna influencia.

Tabla 37.

Pseudo R cuadrado de la hipótesis general

Método	Valor

Cox y Snell	,005
Nagelkerke	,006
McFadden	,003

Función de enlace: Logit.

Prueba de hipótesis específica 2

Ho: El acompañamiento pedagógico y las competencias docentes no influye en el aprendizaje significativo por conceptos en las instituciones educativas de Lince 2018.

Ha: El acompañamiento pedagógico y las competencias docentes influye en el aprendizaje significativo por conceptos en las instituciones educativas de Lince 2018.

En la tabla 38, El valor de la del modelo empírico a la que se aproxima la razón de verosimilitud es de 11,190 con 2 grados de libertad, y su significancia es plena (p=0,004), por lo que se rechaza la hipótesis nula de todos los coeficientes del modelo, con una probabilidad de error del 5%.

Tabla 38.

Información de ajuste de la hipótesis específica 2

Modelo	Logaritmo de la verosimilitud -2	Chi-cuadrado	gl	Sig.
Sólo intersección	123,581			
Final	112,391	11,190	2	,004

Función de enlace: Logit.

De acuerdo a la tabla 39, la bondad de ajuste nos indica que la significancia del modelo es mayor a 0,05, (p=0,092) lo que implica que el modelo es adecuado para el ajuste de los datos.

Tabla 39.

Bondad de ajuste de la hipótesis específica 2

	Chi-cuadrado	gl	Sig.
Pearson	86,179	70	,092
Desvianza	104,884	70	,004

Función de enlace: Logit.

De acuerdo a la tabla 40, el pseudo r cuadrado nos indica que en el modelo no está asociada con la variable dependiente, con una significatividad de p = 0,794 y que las la fuerza de la covariables estudiadas (monitoreo docente y competencias directivas) no nos permite predecir la variable dependiente (aprendizaje significativo por conceptos). Así,

Cox y Snell indica que el índice es de 0,105, Nagelkerke indica que el índice es de 0,143 y McFadden nos indica un índice de 0,004.

El R2 de Nagelkerke comprueba que la eficacia predictiva de la probabilidad de ocurrencia de las categorías de la variable dependiente es de 14,3%, lo cual indica a su vez que el 85.7% restante viene explicado por las otras variables que no fueron incluidas en el modelo.

Tabla 40.

Pseudo R cuadrado de la hipótesis general

Método	Valor
Cox y Snell	,105
Nagelkerke	,143
McFadden	,084

Función de enlace: Logit.

Prueba de hipótesis específica 3

Ho: El acompañamiento pedagógico y las competencias docentes no influye en el aprendizaje significativo por proposiciones en las instituciones educativas de Lince 2018.

Ha: El
acompañamiento pedagógico y las competencias docentes
influye en el aprendizaje significativo por proposiciones en
las instituciones educativas de Lince 2018.

En la tabla 41, El valor de la del modelo empírico a la que se
aproxima la razón de verosimilitud es de 4,928 con 2 grados
de libertad, y su significancia es plena (p=0,005), por lo que
se rechaza la hipótesis del investigador de todos los
coeficientes del modelo, con una probabilidad de error del
5%.

Tabla 41.

Información de ajuste de la hipótesis específica 3

Modelo	Logaritmo de la verosimilitud -2	Chi-cuadrado	gl	Sig.
Sólo intersección	145,151			
Final	140,224	4,928	2	,005

Función de enlace: Logit.

De acuerdo a la tabla 42, la bondad de ajuste nos indica que
la significancia del modelo es mayor a 0,05, (p=0,609) lo que

implica que el modelo es adecuado para el ajuste de los datos.

Tabla 42.

Bondad de ajuste de la hipótesis específica 3

	Chi-cuadrado	gl	Sig.
Pearson	136,729	142	,609
Desvianza	131,331	142	,729

Función de enlace: Logit.

De acuerdo a la tabla 43, el pseudo r cuadrado nos indica que en el modelo no está asociada con la variable dependiente, con una significatividad de p = 0,005 y que las la fuerza de la covariables estudiadas (monitoreo docente y competencias directivas) no nos permite predecir la variable dependiente (aprendizaje significativo por proposiciones). Así, Cox y Snell indica que el índice es de 0,048, Nagelkerke indica que el índice es de 0,061 y McFadden nos indica un índice de 0,032.

El R2 de Nagelkerke comprueba que la eficacia predictiva de la probabilidad de ocurrencia de las categorías de la variable estadísticamente no tiene relación.

Tabla 43.

Pseudo R cuadrado de la hipótesis específica 3

Método	Valor
Cox y Snell	,048

Nagelkerke	,061
McFadden	,032

Función de enlace: Logit.

IV. Discusión

Los resultados estadísticos de la prueba de hipótesis general nos indica que: El acompañamiento pedagógico y las competencias docentes influyen en el aprendizaje significativo en las instituciones educativas de Lince 2018, tal como lo indica el índice de Nagelkerke de 0,152 con una significatividad estadística de 0,002. Los resultados concuerdan con Aguirre (2014) en la tesis titulada "Programa educativo Logros de Aprendizaje en la mejora de la práctica docente y de los aprendizajes en el segundo grado - Ventanilla - Callao – 2012," Los resultados mostraron que los docentes consideraron de gran utilidad en su práctica docente el apoyo del acompañante a la coordinación institucional para la planificación de documentos, su papel de coaching pedagógico y plan de monitoreo. Si bien el nivel alcanzado en la práctica docente fue adecuado, en el caso de los estudiantes no alcanzaron el logro previsto en los aprendizajes de las áreas de Comunicación y Matemática."

También concuerdan con Baltazar (2016) en la tesis titulada "Programa de formación continua y su influencia en el desempeño docente de Primaria de la RED N°14 UGEL N°06 –SJL 2015". En la investigación se arribó a la conclusión que el Programa de formación continua influye en el desempeño docente de Primaria de la RED N°14 UGEL N°06- 2015."

Los resultados estadísticos de la prueba de hipótesis específica 1 nos indica que: El acompañamiento pedagógico y las competencias docentes no influyen en el aprendizaje significativo por representaciones en las instituciones educativas de Lince 2018, tal como lo indica el índice de Nagelkerke de 0,006 con una significatividad estadística de 0,792. Los resultados concordaron con Vargas (2014) en la tesis titulada "Competencia docente y logro de aprendizaje de los Alumnos de la Escuela De Educación De La Universidad Inca Garcilaso De La Vega-2013". El análisis permite concluir con un valor r= ,786 y una p= ,000 la Competencia docente se relaciona directa y significativamente con el logro de aprendizaje según la percepción de los estudiantes participantes."

También concuerdan con Mairena (2015) en la investigación titulada "acompañamiento pedagógico y desempeño de los docentes noveles en los departamentos de física y tecnología educativa de la facultad de educación e idiomas, donde los resultados indican la existencia de la relación significativa entre las variables de estudio.

Los resultados estadísticos de la prueba de hipótesis específica 2 nos indica que: El acompañamiento pedagógico y las competencias docentes influyen en el aprendizaje significativo por conceptos en las instituciones educativas de Lince 2018, tal como lo indica el índice de Nagelkerke de 0,143 con una significatividad estadística de 0,084. Estos resultados concuerdan con Paucar (2014) en la tesis titulada "El acompañamiento pedagógico en la gestión de aula en el marco de las rutas de aprendizaje en la Región Ucayali – 2014, tuvo como objetivo determinar la influencia del acompañamiento pedagógico en la gestión de aula. Las conclusiones del estudio indican que se determinó que existe una influencia significativa del acompañamiento pedagógico en la gestión de aula en el marco de las rutas de aprendizaje en la Región Ucayali – 2014.

También concuerdan con Bravo (2014) en la tesis titulada "impacto de un programa de acompañamiento directivo en la satisfacción y percepción de los docentes hacia la labor de acompañamiento, donde los resultados indicaron que el programa de acompañamiento directivo mejoró la satisfacción laboral y la percepción de los docentes sobre la labor de acompañamiento, en los centros educativos en los que se aplicó en PAD.

Los resultados estadísticos de la prueba de hipótesis específica 3 nos indica que: El acompañamiento pedagógico y las competencias docentes influyen en el aprendizaje significativo por proposiciones en las instituciones educativas de Lince 2018, tal como lo indica el índice de Nagelkerke de 0,061 con una significatividad estadística de 0,005. Los resultados concuerdan con Porras (2016) en la investigación titulada "Acompañamiento pedagógico como estrategia para la transformación de la enseñanza de las matemáticas con los docentes de básica primaria de la Institución Educativa Manuela Beltrán. La muestra estuvo constituida por docentes de la institución educativa y tuvo como resultados identificar aspectos que dan origen a una propuesta de mejoramiento. Asimismo, se identificó la relación entre las variables de estudio.

V. Conclusiones

Primera: El
acompañamiento pedagógico y las competencias docentes
influyen positivamente en el aprendizaje significativo en las
instituciones educativas de Lince 2018, tal como lo indica el
índice de Nagelkerke de 0,152 con una significatividad
estadística de 0,002.

Segunda: El
acompañamiento pedagógico y las competencias docentes
no influyen en el aprendizaje significativo por
representaciones en las instituciones educativas de Lince
2018, tal como lo indica el índice de Nagelkerke de 0,006
con una significatividad estadística de 0,794.

Tercera: El
acompañamiento pedagógico y las competencias docentes
influyen en el aprendizaje significativo por conceptos en las
instituciones educativas de Lince 2018, tal como lo indica el
índice de Nagelkerke de 0,143 con una significatividad
estadística de 0,004.

Cuarta: El
acompañamiento pedagógico y las competencias docentes
influyen en el aprendizaje significativo por representaciones
en las instituciones educativas de Lince 2018, tal como lo
indica el índice de Nagelkerke de 0,061 con una
significatividad estadística de 0,005.

VI. Recomendaciones

Primera:

Respecto al acompañamiento pedagógico se sugiere que se implemente el Programa permanente, socializándolo a todos los trabajadores, monitoreándose y evaluándose trimestralmente para conocer sus resultados en el personal docente de Lince.

Segunda:

Respecto a las competencias docentes se sugiere que se programen los talleres y seminarios institucionales con inclusión de todos los trabajadores, independientemente de su escala jerárquica a fin de motivarlos a mantener un ambiente grato y productivo de trabajo lo que elevara el desempeño profesional.

Tercera:

Respecto al aprendizaje significativo se sugiere que tomando en consideración los resultados de la investigación se mejore la este proceso, satisfaciendo sus necesidades prioritarias para lograr un alto rendimiento académico.

VII. Referencias

Adaros, M. (2014) acompañamiento pedagógico recibido por alumnos de pedagogía a través de las bitácoras en el contexto de la práctica profesional. *Revista de Estudios y Experiencias en Educación"*. UCSC. Vol. 13, No. 26, agosto-diciembre, 2014, pp. 91-116

Aguirre (2014) *"Programa educativo Logros de Aprendizaje en la mejora de la práctica docente y de los aprendizajes en el segundo grado - Ventanilla - Callao – 2012"* Tesis doctoral Universidad César Vallejo Lima. Recuperado de http://repositorio.ucv.edu.pe/handle/UCV/9215

Ardoino, J. v Berger. G. (19.86). "La evaluación corno interpretación" en *Pour*, 107, Págs. 120-117.

Arteaga, E. (2013) Competencias comunicativas y fortalecimiento de la inteligencia emocional. *Revista Iberoamericana de Educación / Revista Ibero-americana de Educación* ISSN: 1681-5653 n.º 61/3 -15/03/13

Ausubel, D.P. (1963). *The psychology of meaningful verbal learning*. New York, Grune and Stratton

Ausubel, D, Novak, J. y Hanesian, H. (1983). *Psicología Educativa: Un punto de vista cognoscitivo* .2° Ed. México: Trillas

Ausubel D.P., Novak J.D. y Hanesian H. (2009). *Psicología Educativa, un punto de vista cognoscitivo*. México, Trilla, segunda edició.

Baltazar, F. (2016) "Programa de formación continua y su influencia en el desempeño docente de Primaria de la RED N°14 UGEL N°06 –SJL 2015. Tesis doctoral Universidad César Vallejo Lima. Recuperado de http://repositorio.ucv.edu.pe/handle/UCV/4809

Bravo, I. (2014) "impacto de un programa de acompañamiento directivo en la satisfacción y percepción de los docentes hacia la labor de acompañamiento, Tesis de grado. Universidad de Concepción. Chile.

Carrasco, J. (2005) *Metodología de Investigación Científica*. Lima: San Marcos

Coronado, M. y Arteta, J. (2015)Competencias científicas que propician docentes de Ciencias naturales. *Revista del Instituto de Estudios en Educación Universidad del Norte* n° 23 julio-diciembre, 2015 ISSN 2145-9444 (electrónica

Darío, I. Saldarriaga, J. León, M. Martínez, J. Arias, O. (2014) "competencias docentes para la enseñanza de la de la investigación y la evaluación de trabajos de grado y tesis doctor en administración. AGO.USB Medellín-Colombia V. 15 No 1 PP. 1- 323 Enero - Junio 2015 ISSN: 1657-8031. URLhttp://www.scielo.org.co/pdf/agor/v15n1/v15n1a08.pdf

Fonade (2015) *Guía de competencias laborales, organizacionales y comportamentales de trabajadores oficiales.* Recuperado de http://www.fonade.gov.co/portal/page/portal/WebSite/Fonad e/archivo/Tab/GAP601_04_guia_competencias_laborales30 _05_2017.pdf

Fuentes, M. y Paredes, J. (2007). *Relación entre la estrategia metodológica solución de problemas con el nivel de atención de los estudiantes y el logro de aprendizaje significativo en el área de Lógico-Matemática del 2° Grado de Primaria de la Institución Educativa: "Señor de Los Milagros" del Distrito y Provincia de Jaén.* Universidad César Vallejo, Perú.

Gobierno Vasco (2017) *competencia en cultura científica, tecnológica y de la salud.* Recuperado de http://ediagnostikoak.net/edweb/cas/materiales-informativos/ED11_marko_teorikoak/3_Competencia_cientifi ca.pdf

González, S. y Martínez, H. (2010) acompañamiento pedagógico y profesionalización docente: sentido y perspectiva. En *CIENCIA Y SOCIEDAD* Volumen XXXV, Número 3 Julio-Septiembre 2010. Redalyc.org.

Gowin, D. (1981). *Educating. Ithaca*, N.Y.: Cornell University Press

Grados, E. y Raggio, G. (2014) *"La gestión del aula en el clima social escolar en el sexto grado de primaria de la Institución Educativa Virgen del Carmen - Rímac – 2014*, Tesis doctoral Universidad César Vallejo Lima. Recuperado de http://repositorio.ucv.edu.pe/handle/UCV/9228

Grajales, T. (2000) *tipos de investigación*. Recuperado de http://tgrajales.net/investipos.pdf

Guzmán, I., Marín, R. (2011). La competencia y las competencias docentes: reflexiones sobre el concepto y la evaluación. *REIFOP*, 14 (1), 151-163

Hernández, R., Fernández, C. & Baptista, P. (2010). *Metodología de la Investigación*. México: McGraw Hill.

Huerta, R. (2002). *Enseñar a aprender significativamente*. Perú: San Marcos

Kemmis, S. (1991). "Seven Principies for Programme Evaluation in *Currículo Development and Innovation-*, en E. R. House, New Directions in Educational Evaluation. Londres: TheFalmerPress.

Jiménez, R. (1998) *metodología de la investigación elementos básicos para la investigación clínica.* La Habana. Recuperado de http://www.sld.cu/galerias/pdf/sitios/bioestadistica/metodolog ia_de_la_investigacion_1998.pdf

Mairena, E. (2015) *"acompañamiento pedagógico y desempeño de los docentes noveles en los departamentos de física y tecnología educativa de la facultad de educación e idiomas.* Tesis de Grado. Universidad Autónoma de Nicaragua.

Martín, M; Gairín, J. (2010). *Directivos en Educación para el siglo XXI.* Santiago de Chile: Fundación Creando Futuro

Ministerio de Educación (2009). *Lineamientos y estrategias generales para la supervisión pedagógica.* Lima: Biblioteca Nacional del Perú

Ministerio de Educación (2014).*El acompañamiento pedagógico Protocolo del Acompañante Pedagógico, del Docente Coordinador/ Acompañante y del formador.* Industria Gráfica MACOLE S.R.L.

Ministerio de Educación (2016) Directiva N° 008-2016 MINEDU, p. 09 y10

Monereo, C. (2009). La autenticidad de la evaluación. En Castelló M. (Coord) (2009) *La evaluación auténtica en enseñanza secundaria y universitaria*. Barcelona, Edebé

Moreira, M. (1997) aprendizaje significativo: un concepto subyacente, En *Actas del Encuentro Internacional sobre el Aprendizaje Significativo*. Burgos, España. pp. 19-44. Traducción de Mª Luz Rodríguez Palmero. Recuperado de https://www.if.ufrgs.br/~moreira/apsigsubesp.pdf.

Ortiz, R. y Soza, M. (2014) *acompañamiento pedagógico y su incidencia en el desempeño docente en el centro escolar "EnmanuelMongalo y Rubio" departamento de Managua distrito iii, turno vespertino, en el ii semestre del año 2014*. Tesis de grado, Universidad Autónoma de Nicaragua.

Olmedo y Fernández-Cano, (2004).

Pallares, V. y Pino, X. (2011). *La lectura comprensiva de textos y su influencia en el aprendizaje significativo de lengua y literatura, dirigido a los niños/as del séptimo año de educación general básica de la Escuela "Dr. Hugo Moreno" de la comunidad San José de Macají, provincia de Chimborazo, Cantón Riobamba, Parroquia Lizarzaburu, en el año lectivo 2010-2011*. Universidad Estatal de Bolívar. Cantón, Riobamba, Ecuador.

Paucar, R. (2014) *El acompañamiento pedagógico en la gestión de aula en el marco de las rutas de aprendizaje en la Región Ucayali – 2014*. Tesis doctoral Universidad César Vallejo Lima. Recuperado de http://repositorio.ucv.edu.pe/handle/UCV/9257

Pérez Alonso, P. (2000) *valores, actitudes y competencias básicas del alumno en la enseñanza obligatoria*. España. Ediciones Universidad de Salamanca

Pérez, M. (2005). La formación permanente del profesorado ante los nevos retos del sistema educativo universitario, *REIFOP,* *8* (1). Recuperado de http://www.aufop.com/aufop/revistas/indice/digital/114.

Porras (2016) "Acompañamiento pedagógico como estrategia para la transformación de la enseñanza de las matemáticas con los docentes de básica primaria de la Institución Educativa Manuela Beltrán. Tesis de grado. Universidad Nacional de Colombia.

Quintanilla, M. (2006) Identificación, caracterización y evaluación de competencias científicas desde una imagen naturalizada de la ciencia. En M. Quintanil- la & A. Adúriz-Bravo (Eds.) *Enseñar ciencias en el nuevo milenio. Retos y propuestas,* (pp. 17-42). Santiago de Chile: Ediciones Universidad Católica de Chile.

Serrano, R. (2013) Identidad profesional, necesidades formativas y desarrollo de competencias docentes en la formación inicial del profesorado de secundaria. Tesis doctoral. Universidad de Córdoba – Colombia. Servicio de Publicaciones de la Universidad de Córdoba.

Vargas, R. (2014) *"Competencia docente y logro de aprendizaje de los Alumnos de la Escuela De Educación De La Universidad Inca Garcilaso De La Vega-2013"* Tesis doctoral Universidad César Vallejo Lima. Recuperado de http://repositorio.ucv.edu.pe/handle/UCV/9258

Vélaz de Medrano et al 1995

Tejada, J. (2014) Competencias docentes. *Profesorado, revista de currículum y formación del profesorado*. VOL.13, Nº 2 (2009) ISSN 1138-414X

Toro, I. Jaramillo, J. Saldarriaga, G. Restrepo, M. Martínez, O. (2014) "competencias docentes para la enseñanza de la metodología de la investigación y la evaluación de trabajos de grado y tesis doctorales en administración" Medellín-Colombia V. 15 No 1 PP. 1- 323 Enero - Junio 2015 ISSN: 1657-8031

Zabala, A. y Arnau, L. (2008). *11 Ideas clave: como aprender y enseñar competencias*. Barcelona España: Ed. Graó, 4ª reimpresión.

Anexos

Anexo 1: Matriz de consistencia

Problemas	Objetivos	Hipótesis	Variables
Problema general ¿Cómo influye el acompañamiento pedagógico y las competencias docentes en el aprendizaje significativo en las instituciones educativas de Lince 2018?	**Objetivo general** Determinar que el acompañamiento pedagógico y competencias docentes influyen en el aprendizaje significativo en las instituciones educativas de Lince 2018.	**Hipótesis general** El acompañamiento pedagógico y las competencias docentes influyen en el aprendizaje significativo en las instituciones educativas de Lince 2018.	Tabla 2 *Dimensiones e indicadores de la variable independiente monitoreo docente*
Problema específico 1 ¿Cómo influye el acompañamiento pedagógico y las competencias docentes en el aprendizaje significativo por representaciones en las instituciones educativas de Lince 2018?	**Objetivo específico 1** Determinar que el acompañamiento pedagógico y competencias docentes influyen en el aprendizaje significativo por representaciones en las instituciones educativas de Lince 2018.	**Hipótesis específica 1** El acompañamiento pedagógico y las competencias docentes influyen en el aprendizaje significativo por representaciones en las instituciones educativas de Lince 2018.	
Problema específico 2 ¿Cómo influye el acompañamiento pedagógico y las competencias docentes en el aprendizaje significativo por conceptos en las instituciones educativas de Lince 2018?	**Objetivo específico 2** Determinar que el acompañamiento pedagógico y competencias docentes influyen en el aprendizaje significativo por conceptos en las instituciones educativas de Lince 2018.	**Hipótesis específica 2** El acompañamiento pedagógico y las competencias docentes influyen en el aprendizaje significativo por conceptos en las instituciones educativas de Lince 2018.	Tabla 2 *Dimensiones e indicadores de la variable dependiente 1:*
Problema específico 3 ¿Cómo influye el acompañamiento pedagógico y las competencias docentes en el aprendizaje significativo por representaciones	**Objetivo específico 3** Determinar que el acompañamiento pedagógico y competencias docentes influyen en el aprendizaje significativo por proposiciones en	**Hipótesis específica 3** El acompañamiento pedagógico y las competencias docentes influyen en el aprendizaje significativo por representaciones	

Tabla 2

Dimensiones e indicadores de la variable independiente monitoreo docente

Dimensiones	Indicadores	Ítems	Escala de medición	Ni...
Aspectos Iniciales	Envía la clase con tiempo y toma algunas de las sugerencias realizadas y los procesos que se van a desarrollar.	Del 1 al 4		
Aspectos Metodológicos	Aprendizaje cooperativo-individual Docente como acompañante en el aprendizaje	Del 5 al 9	5. Excelente 4. Muy Bueno 3. Bueno 2. Regular 1. Deficiente	Defi... 18-... Poc... 43-... Efica... 67-...
Dominio de contenidos	Utiliza los algoritmos básicos en la solución de situaciones problemas provenientes de la vida cotidiana	Del 10 al 14		
Actitudes y valores	Cuando entran los estudiantes al aula ya está el profesor esperando a los estudiantes, tiene las sillas organizadas en equipos y el material está dispuesto.	Del 15 al 18		

Tabla 2

Dimensiones e indicadores de la variable dependiente 1:

Dimensiones	Indicadores	Ítems
Comunicacionales	Mejora en los procesos de comunicación Fomento de actividades de dinamización la formación del profesorado Sensibilización del profesorado en el análisis, revisión y mejora de su propia formación Establecimiento de foros de reflexión sobre acciones formativas	Del 1 al 4
Organizativa	Transferencia de aprendizajes en la formación permanente y aplicación de recursos innovadores Interpretación de la realidad docente Mejora de la convivencia	Del 5 al 7
Liderazgo pedagógico	Relación con el profesorado de ámbitos cercanos y ampliación de horizontes en las relaciones internacionales Trabajo en equipo y superación de fronteras geográficas Impulso a los procesos de comunicación con otras lenguas	Del 8 al 10
Científicas	Formación en contenidos científicos, didácticos y metodológicos Realización de proyectos innovadores Desarrollo del pensamiento empírico ante las nuevas realidades Impulso de la innovación y en la investigación científica	Del 11 al 14
Evaluación y Control	Evaluación permanente de los procesos de formación del profesorado • Establecimiento y diseño de formaciones específicas con el fin de superar los puntos débiles y potenciar los fuertes	Del 15 al 16

Fuente: Pérez (2005)

en las instituciones educativas de Lince 2018?	las instituciones educativas de Lince 2018.	en las instituciones educativas de Lince 2018.	Tabla 3 *Dimensiones e indicado* **Dimensiones** Representaciones — Comp… con los… Constr… con si… Conceptos — Atribuy… Asigna… Forma… Proposiciones — Comb… concep… Da sig… Organi…

Anexo 2. Instrumentos

Instrumento 1
Acompañamiento pedagógico

Objetivo del Acompañamiento Pedagógico:

A través de la visita al aula de clases se pretende:

1. Fortalecer el desempeño docente en el aula de clases, a través de la detección de las fortalezas y debilidadesencontradas.

2. Crear espacios de reflexión, coevaluación y mejora permanente de la práctica pedagógica.

3. Contribuir en la mejora de los aprendizajes de los estudiantes mediante el fortalecimiento de la prácticadocente.

Escala de medición: 5. Excelente 4. Muy Bueno 3. Bueno2. Regular 1. Deficiente

	Aspectos a observar	Escala de medición				
	Aspectos Iníciales					
1.	Asiste puntual a la clase					
2.	Porta el plan de clases					
3.	El Tema de la clase se ajusta al plan didáctico					
4.	Los contenidos y los objetivos se dan a conocer al inicio de la clase					

	Aspectos Metodológicos					
5.	Explora los conocimientos previos de los estudiantes sobre el tema a impartir					
6.	Motiva los estudiantes utilizando estrategias metodológicas participativas constructivistas y recursos didácticos que se ajusten al tema desarrollado					
7.	Durante el Proceso de desarrollo de la clase realiza preguntas individuales y /o grupales para comprobar la asimilación de contenidos					
8.	Aclara las dudas de los estudiantes					
9.	Evalúa a los largo de la clase					
	Dominio de contenidos					
10.	Se observa dominio de contenido del tema de la clase					
11.	Utiliza vocabulario técnico					
12.	Vincula el tema con la práctica y/ o el quehacer diario de los estudiantes					
13.	Se observa el manejo adecuado de la disciplina al argumentan y aclarar dudas					
14.	Consolida el contenido logrando los objetivos de la clase					
	Actitudes y valores					
15.	Muestra trato cordial a los estudiantes					
16.	Brinda igualdad de oportunidades a					

	todos los Estudiantes					
17.	Promueve valores en los estudiantes					
18.	Su comportamiento es ético y profesional					

Instrumento 2

Competenciasdocentes

Objetivo de las competencias docentes:

A través de la visita al aula de clases se pretende:

1.   Fortalecer el desempeño docente en el aula de clases.

2.   Crear espacios de reflexión, coevaluación y mejora permanente de la práctica pedagógica.

3.   Contribuir en la mejora de los aprendizajes de los estudiantes mediante el desarrollo de las competencias docentes.

Escala de medición: 5. Excelente 4. Muy Bueno 3. Bueno2. Regular 1. Deficiente

	Aspectos a observar	Escala de medición				
	Comunicacionales					
1.	Mejora en los procesos de comunicación					
2.	Fomento de actividades de dinamización la formación del profesorado a nivel europeo					
3.	Sensibilización del profesorado en el análisis,					

	revisión y mejora de su propia formación						
4.	Establecimiento de foros de reflexión sobre acciones formativas						
	Organizativa						
5.	Transferencia de aprendizajes en la formación permanente y aplicación de recursos innovadores						
6.	Interpretación de la realidad docente y establecimiento de los oportunos procesos de mejora						
7.	Mejora de la convivencia universitaria e institucional						
	Científicas						
8.	Formación en contenidos científicos, didácticos y metodológicos						
9.	Impulso de la innovación y en la investigación científica						
10.	Realización de proyectos innovadores propios de la universidad						
11.	Desarrollo del pensamiento empírico ante las nuevas realidades						
	Liderazgo pedagógico						
12.	Relación con el profesorado de ámbitos cercanos y						

	ampliación de horizontes en las relaciones internacionales					
13.	Trabajo en equipo y superación de fronteras geográfica					
14.	Impulso de la dimensión europea y apoyo de los procesos de comunicación con otras lenguas					
	Evaluación y Control					
15.	Evaluación permanente de los procesos de formación del profesorado					
16.	Establecimiento y diseño de formaciones específicas con el fin de superar los puntos débiles y potenciar los fuertes					

María Jesús Pérez Curiel (2005). *La formación permanente del profesorado ante los nevos retos del sistema educativo universitario*, REIFOP, 8 (1). (Enlace web: http://www.aufop.com/aufop/revistas/indice/digital/114

Instrumento 3
Aprendizajesignificativo

Objetivo del aprendizaje significativo:

A través de evaluación docente se pretende:

1. Fortalecer el aprendizaje significativo en clases.

2. Crear espacios de reflexión, coevaluación y mejora permanente de los aprendizajes.

3. Contribuir en la mejora de los aprendizajes de los estudiantes mediante el desarrollo de las competencias docentes.

Escala de medición: 5. Excelente 4. Muy Bueno 3. Bueno2. Regular 1. Deficiente

	Aspectos a observar	**Escala de medición**				
	Aprendizaje de representaciones	5	4	3	2	1
1.	El estudiante parte de la observación en sus experiencias concretas de aprendizaje					
2.	El estudiante se identifica e involucra con el tema de la clase					
3.	El estudiante descubre sus motivaciones intrínsecas de					

N°	Ítems					
	aprendizaje.					
4.	El estudiante descubre sus motivaciones extrínsecas de aprendizaje.					
5.	El estudiante reconoce el objetivo de estudio					
6.	El estudiante representa en esquemas el objeto de estudio					
7.	El estudiante elabora organizadores visuales del objeto de estudio					
	Aprendizaje de conceptos					
8.	El estudiante es capaz de abstraer la realidad de estudio					
9.	El estudiante es capaz de parafrasear conceptos					
10.	El estudiante es capaz de interpretar el concepto					
11.	El estudiante es capaz de elaborar conceptos de la realidad					
12.	El estudiante es capaz de inferir problemas					
13.	El estudiante utiliza adecuadamente el lenguaje y la comunicación					
14.	El estudiante deduce y elabora nuevos conceptos					
	Aprendizaje de proposiciones					
15.	El estudiante construye nociones y conceptos					
16.	El estudiante desarrolla la teoría y va a la práctica					
17.	El estudiante aplica y transfiere					

	conocimientos						
18.	El estudiante en situaciones diferentes sabe tomar decisiones en su aprendizaje						
19.	El estudiante resuelve problemas en forma eficaz						

Doctora en gestión pública y gobernabilidad en la universidad César Vallejo. Bachiller y licenciada en educación en la Universidad San Martin de Porres. Especializada en la enseñanza del nivel inicial, primaria y universidad de educación básica regular y superior, ministerio de educación (Minedu).

Se desempeña como docente universitario en la Universidad Nacional Mayor de San Marcos (UNMSM) y en la Universidad de Ciencias y Humanidades (UCH).

Especialista en asesorías, acompañamiento pedagógico de la universidad nacional mayor de san marcos y ugel 04 minedu.

Ponente y capacitadora en planificación curricular, estrategias didácticas en las areas de matematica y comunicacion , elaboracion de proyectos en la universidad enrique guzmán y valle.

Realizo consultorías y monitoreos a las docentes, directoras y redes educativas en la zona de vrae- ayacucho para el programa de mejoramiento en educación inicial. Pmei-bid- minedu.

9 7 9 8 6 0 7 1 6 7 2 7 1